동시**로** 생각하고
수필**로** 이해하고
문제**로** 논술하는

로로로 초등 국어

동시로 생각하고
수필로 이해하고
문제로 논술하는

로로로 초등 국어 3학년

글 윤병무 | 그림 이철형

국수

단원 개요

국어 교과서의 단원별 열쇠 말을 의문형 문장으로 짧게 써 놓았어요. 독자의 궁금증을 이끌어 내기 위함이에요. 자발적 배움은 궁금함에서 시작되니까요.

국어 동시

동시로 국어을 배워요. 이야기가 있는 국어 동시를 읽으면서 독자는 단원의 핵심 개념을 느끼고 생각하면서 자연스레 배울 수 있어요. 이야기의 힘이에요. 동시와 어울린 그림 또한 마음에 스미게 해 주어요.

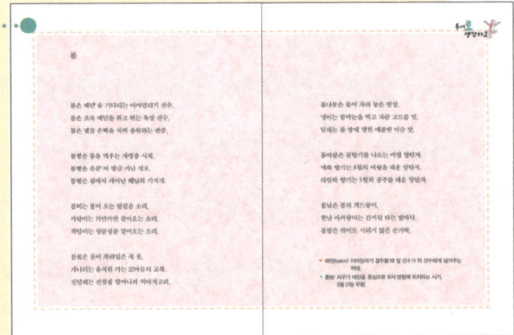

이 책의 구성

국어 수필

국어 지식을 수필로 풀어냈어요. 논설문이 아니라 저자가 공부하고 생각해서 쓴 국어 수필이에요. 그럼에도 독자는 읽어 내야 이해할 수 있어요. 이 책의 수필은 지식이 쌓이고 마음이 살지는 글이에요.

논술 문제

정답을 요구하는 문제가 아니에요. 독자의 자유로운 생각을 이끌어 내는 서술형 문제예요. 자신의 생각을 분명하게 써 보는 게 중요해요. 생각은 글로 나타낼 때 깊어지고 넓어져요.

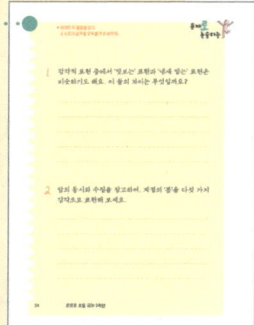

머리말 국어라는 들꽃밭 • 12

① **느낌을 나타내는 감각적인 표현들** • 17
재미가 톡톡톡

② **'중심 문장'과 '뒷받침 문장'을 이해하기** • 25
문단의 짜임

③ **'높임 표현'의 규칙을 이해하기** • 33
알맞은 높임 표현

④ **편지 쓰는 형식과 순서를 익히기** • 41
내 마음을 편지에 담아

⑤ **설명하는 글의 중요한 내용을 간추리기** • 49
중요한 내용을 적어요

차례

6 일이 생긴 원인과 결과의 관계 알기 · **57**
일이 일어난 까닭

7 국어사전에서 낱말 찾기 · **65**
반갑다, 국어사전

8 글에 나타난 글쓴이의 의견을 알아차리기 · **73**
의견이 있어요

9 글 속의 모르는 낱말과 생략된 내용을 짐작하기 · **81**
어떤 내용일까

10 '시'와 '이야기'의 다른 점 · **89**
문학의 향기

⑪ **작품 속 인물의 표정, 몸짓, 말투 살피기** • 97
작품을 보고 느낌을 나누어요

⑫ **아는 내용과 겪은 일을 떠올려 글 읽기** • 105
중심 생각을 찾아요

⑬ **자기 경험을 글로 쓸 때 주의할 점** • 113
자신의 경험을 글로 써요

⑭ **감각을 살려서 시를 읽고 쓰기** • 121
감동을 나타내요

⑮ **예절을 지켜서 대화하기** • 129
바르게 대화해요

차례

⑯ **진심이 담긴 쪽지 쓰기 • 137**
마음을 담아 글을 써요

⑰ **읽은 책을 소개하고 독서 감상문 쓰기 • 145**
글을 읽고 소개해요

⑱ **글의 흐름을 생각하며 글을 읽고 쓰기 • 153**
글의 흐름을 생각해요

⑲ **극본을 소리 내어 읽고, 그럴듯하게 연기하기 • 161**
작품 속의 인물이 되어

찾아보기 • 169

머리말
국어라는 들꽃밭

과학의 숲을 지나, 수학의 산을 넘어, 국어의 들판을 지납니다. 돌이켜 보면, 그랬습니다. 비유하자면, '로로로 초등 과학'을 쓸 때는 나무와 새가 어울려 사는 숲을 지나는 것 같았습니다. 자연이 숨 쉬는 숲길에서 제 마음도 호기심 많은 어린이와 같았습니다. '로로로 초등 수학'을 쓸 때는 가파른 산을 오르는 것 같았습니다. 암벽을 만나 수직으로 올라야 할 때는 헛디디지 않으려고 애썼습니다. 수학 공부가 그렇듯이, 힘든 만큼 성취감도 느꼈습니다. '로로로 초등 국어'의 길은 들꽃이 만발한 들판이었습니다. 말과 글로 피어나는 국어는 갈 길 앞에서 발길을 붙잡는 들꽃밭이었습니다. 이어서 나올 '로로로 초등 사회'는 또 어떤 풍경일지 궁금합니다.

국어는 언어입니다. 인류는 언어를 사용하면서 비로소 '사람'이 되었습니다. 인류는 민족마다 수천, 수만 개의 낱말로 꽤 자세한 생각과 섬세한 감정을 서로 주고받습니다. 그것이 말과 글로 표현된 언어이고, 우리말은 국어입니다. 가까이 있는 사람끼리는 말소리로 의사소통합니다. 멀리 있는 사람끼리는 글로써 표현합니다. 또 이미 오래전에 사셨던 분들이 남긴 글은 수백 년이 지난 오늘날에도 읽습니다. 이렇게 언어는 사람만이 만들어 사용하는 훌륭한 문화입니다. 그러니 우리 국어를 올바르게 배우고 익혀서, 잘 듣고, 잘 말하고, 잘 읽고, 잘 써야겠습니다.

동시와 수필은 둘 다 문학이지만, 그 둘은 사뭇 다릅니다. 동시는 종이비행기와 같고, 수필은 연(鳶)과 같습니다. 동시는 어디로 날아갈지 알지 못합니다. 손을 떠난 종이비행기가 어떻게 활공하여 얼마큼 날아갈지는 비행기를 날린 사람도 모릅니다. 그것이 동시(시)의 매력입니다. 그래서 동시는 쓰는 사람도, 읽는 사람도 자유롭습니다. 반면에, 수필(산문)은 연처럼 얼레와 연줄에 매여 있습니다. 그래서 수필(산문)은 연을 날리고 싶은 방향과 높이를 가늠하여 조종할 수 있습니다. 그 둘의 장점을 살려서 이 국어 시리즈도 교과 단원의 핵심 개념을 주목하여 썼습니다. 정답을 요구하지 않는 서술형 문제는 독자의 미래를 위한 덤입니다. 그 문제들이, 가만히 생각하는 어린이 독자에게 봄이면 피어날 '겨울눈'*이 되기를 바랍니다.

국어 시리즈도 이철형 화가와 함께 작업했습니다. 화가의 마음을 닮은 그림들은 어색한 꾸밈도, 지나친 과장도 없어서 참 자연스럽습니다. 더불어, 국어 시리즈의 그림들은 완성된 그림과 완성되지 않은 그림들이 함께 수록되어 있습니다. 절반이 넘는 그림을 일부러 완성하지 않은 채 실었습니다. 색칠하지 않은 부분은 독자의 몫으로 남겼습니다. '로로로' 시리즈는 융합 교육을 지향합니다. 국어 시리즈는 문학뿐만 아니라, '미술'과도 연결했습니다. 그러니, 미완성 그림에는 독자가 자유롭게 색칠해 보기 바랍니다. 생각과 느낌은 마음을 따르는 손이 더욱 잘 표현할 수 있습니다.

앞서 나온 '로로로' 시리즈에 대한 서평을 인터넷 서점에서 읽었습니다. 그 요지는 이랬습니다. '내가 자라던 시절에도 이런 책이 있었더라면……. 재미없는 수학을 삼촌이 조곤조곤

쉽게 이야기해 주는 느낌.' 제 얼굴은 빙그레 웃었고, 마음은 흐뭇했습니다. 그 독자분의 마음과 같은 마음에서 '로로로' 시리즈가 시작되었기 때문입니다. 공감에 감사드립니다.

2020년 초봄에
저자 윤병무

* 겨울눈: 가을에 나뭇가지에 생겨서 겨울을 넘기고 봄에 자라는 싹.

1 느낌을 나타내는 감각적인 표현들

우리의 몸은 몸 바깥에서 일어나는 일을
어떻게 알아차릴까요?
우리의 눈, 귀, 코, 혀, 피부는 몸 바깥을
어떻게 느낄까요?
보고, 듣고, 냄새 맡고, 맛보고,
살갗에 닿는 감각을
나만의 느낌을 살려서 표현해 보아요.

재미가 톡톡톡

봄

봄은 배턴*을 기다리는 이어달리기 선수.
봄은 초록 배턴을 쥐고 뛰는 육상 선수.
봄은 벚꽃 손뼉을 치며 응원하는 관중.

봄볕은 봄을 깨우는 자명종 시계.
봄볕은 춘분*이 방금 지난 정오.
봄볕은 잠에서 깨어난 해님의 기지개.

봄비는 봄이 오는 발걸음 소리.
가랑비는 가만가만 걸어오는 소리.
작달비는 성큼성큼 걸어오는 소리.

봄꽃은 봄이 차려입은 새 옷.
개나리는 유치원 가는 꼬마들의 교복.
진달래는 잔칫집 할머니의 치마저고리.

봄나물은 봄이 차려 놓은 밥상.
냉이는 함박눈을 먹고 자란 고드름 맛.
달래는 봄 땅에 맺힌 매콤한 이슬 맛.

봄바람은 꽃향기를 나르는 마법 양탄자.
매화 향기는 3월의 여왕을 태운 양탄자.
라일락 향기는 5월의 공주를 태운 양탄자.

봄날은 봄의 겨드랑이.
한낮 아지랑이는 간지럼 타는 발바닥.
봄밤은 쥐어도 시리지 않은 손가락.

* 배턴(baton): 이어달리기 경주할 때 앞 선수가 뒤 선수에게 넘겨주는 막대.
* 춘분: 지구가 태양을 중심으로 12시 방향에 위치하는 시기.
　　　3월 21일 무렵.

　사람들은 봄이 온 것을 어떻게 알아차릴까요? 봄이 되면 기온이 올라가고 봄꽃이 피어요. 개나리와 매화가 피면, 진달래와 목련도 피어요. 그래서 우리는 봄꽃을 보고 봄을 느껴요. 봄꽃이 피면 어른들은 말해요. "아, 이제 봄이구나."라고요. 그러고는 화려한 봄꽃마다 눈길을 보내요. 향기로운 꽃향기를 맡아요. 날아가는 새들의 소리를 들어요. 나뭇가지에 맺힌 꽃봉오리를 만져요. 진달래 꽃잎을 따서 맛보아요. 그렇게, 봄을 온몸으로 알아차려요.

　온몸으로 알아차린다는 말은 우리 몸의 '감각'으로 느낀다는 말이에요. 감각(感覺)은 한자어예요. 느낄 감(感), 깨달을 각(覺)이에요. 한자대로만 뜻풀이하면, '느껴서

깨닫는 것'이에요. 그런데, 우리 몸의 감각은 다섯 가지예요. 눈으로 보는 것, 귀로 듣는 것, 코로 냄새 맡는 것, 혀로 맛보는 것, 살갗에 닿는 것이 그것이에요. 그래서 감각의 말뜻은 눈, 귀, 코, 혀, 피부를 통하여 몸 바깥의 어떤 자극을 알아차리는 것이에요. 우리는 이 다섯 가지 감각으로 몸 바깥의 일을 느낌으로 알아차릴 수 있어요.

우리는 감각의 느낌을 말과 글로 생생하게 표현할 수 있어요. 한 어린이가 활짝 핀 벚꽃을 보면서 "와! 벚꽃이 팝콘처럼 피었어요."라고 말할 수 있겠어요. 그 말은 눈으로 보는 감각적 표현이에요. 하얀 벚꽃을 보고는 한 바구니의 팝콘을 떠올린 거예요. 또 다른 어린이는 우산 위에 내리는 빗소리를 들으며 "봄비가 내 우산에 동그랑땡을 부치나 봐요."라고 말할지도 몰라요. 그 어린이는 아마 배고팠나 봐요. 그 말은 귀로 듣는 감각적 표현이에요. 물론, 그 표현은 봄비에서는 부침개 부치는 냄새가 나지는 않으니 냄새 맡는 표현은 아니에요. 오히려 어떤 어린

이가 매화 향기를 맡고는 "매화에서는 엄마 향수 냄새가 나요."라고 말한다면, 그 말이 바로 코로 냄새 맡는 감각적 표현이에요. 매화는 장미 같은 향기를 내고, 향수 중에는 장미 향이 나는 것이 많으니 그럴듯한 표현이에요. 또 어떤 어린이는 냉잇국을 먹으면서 "냉잇국에서는 외갓집 맛이 나요."라고 말할 수 있겠어요. 그 말은 혀로 맛보는 감각적 표현이에요. 아마도 외할머니께서 된장을 풀어 구수한 냉잇국을 끓이셨었나 봐요. 또 다른 어린이는 새순을 만지고는 "이 이파리는 우리 강아지의 귀 같아요."라고 말할 수도 있겠어요. 그 말은 살갗에 닿은 감각적 표현이에요. 이처럼, 감각은 몸에 있지만, 표현은 마음에 있어요.

• 아래의 두 물음을 읽고
  스스로의 생각을 자유롭게 써 보아요.

1. 감각적 표현 중에서 '맛보는' 표현과 '냄새 맡는' 표현은 비슷하기도 해요. 이 둘의 차이는 무엇일까요?

2. 앞의 동시와 수필을 참고하여, 계절의 '봄'을 다섯 가지 감각으로 표현해 보세요.

2. '중심 문장'과 '뒷받침 문장'을 이해하기

'문장'은 무엇이고, '문단'은 무엇일까요?
한 문단의 내용을 대표하는 문장을
무엇이라고 할까요?
덧붙여 설명하거나 예를 드는 방법으로,
독자의 이해를 돕는 문장을
무엇이라고 할까요?
'문장의 짜임'을 알아보아요.

문단의 짜임

뜨개질

엄마가 책상 앞에 앉아서
글을 쓰듯 뜨개질을 하세요.

뜨개질바늘이 두 자루 연필이 되어
낱말들을 한 코,* 한 코 짤 때마다
털실은 한 문장, 한 문장 글을 써요.

빨간색 털실 문장들이 한 문단을 다 짜면
뜨개질바늘은 한 줄을 내려서
이번에는 주황색 털실로 새 문단을 짜요.

뜨개질바늘이 짜 놓은 문단에는 하나씩
큰 별이 짜여 있어요.
큰 별 주변엔 작은 별들이 짜여 있어요.

큰 별은 **중심 문장**이고
작은 별들은 **뒷받침 문장**이에요.

그래서 작은 별들은 보여 주어요.
밤하늘에는 별들이 참 많다는 것을요.

뜨개질바늘이 짠 **문단들**이
무지갯빛 스웨터 한 벌을 만들었어요.

엄마가 공들여 짠 스웨터 한 벌은
문단들로 완성한 **글 한 편**이에요.

뜨개질바늘이 바늘 코를 빠져나와
책상 위에 '톡.' 하고 마침표를 찍자,
엄마께서는 느낌표로 기지개를 켜세요.

* 코: 뜨개질할 때 짜이는 한 칸씩의 매듭.

여러분은 일기, 편지 등의 글들을 써 보았을 거예요. 글에는 무엇이 있나요? 글자가 있다고요? 그래요. 글에는 글자들이 있어요. 그런데 글자들이 하나하나 모여서 '낱말'을 이루어요. 그래서 일기든, 편지든 글은 어떤 뜻이 있는 여러 낱말로 이루어져 있어요. 그리고 글은 '문장'으로 이루어져 있어요. 한자로는 글 문(文), 글 장(章)인 문장(文章)은 생각이나 감정을 글로 표현할 때 내용을 나타내는 가장 작은 단위를 뜻해요. 한 어린이가 일기의 첫머리에 "나도 예쁜 강아지를 키우고 싶다."라고 썼다면, 그 문장이 바로 '한 문장'이에요.

그런데 글은 여러 문장으로 쓰여 있어요. 그리고 문장

들끼리는 글쓴이의 생각이 서로 이어져 있어요. 앞의 일기를 쓴 어린이는 '예쁜 강아지를 키우고 싶은 마음이 왜 생겼는지'를 다음 문장에 이어서 썼어요. "친구 집에서 본 강아지가 너무 예뻤다." 이렇게요. 그러고는 '친구의 강아지가 어떤 모습인지', '그 강아지와 어떻게 놀았는지'를 그다음 문장들에 이어 적었어요. 그리고 '강아지를 키우고 싶은 마음'을 여러 문장으로 더 썼어요. 그렇게 문장들을 잇는 동안 '나는 강아지를 키우고 싶은데, 엄마와 아빠는 찬성하실까?' 하는 걱정도 생겼어요. 그 마음은 앞선 내용과는 조금 다른 내용이에요. 그래서 그때는 한 줄을 내려서 '문단'을 나누어 썼어요.

문단(文段)도 한자어예요. 글 문(文), 계단 단(段)이에요. 한자대로만 뜻풀이하면, '글의 계단'이에요. 계단에는 위 칸과 아래 칸이 있어요. 그래서 문단의 말뜻은 글을 내용에 따라 따로 묶어 나눈 토막이라고 말할 수 있어요. "강아지를 키우고 싶지만, 부모님께서 찬성하지 않

을 것 같다."라고 일기는 이어질 수 있어요. 그런데, 한 문단 안에 있는 문장들은 서로 어떤 관계일까요? 한 문단에는 중심이 되는 문장도 있고, 중심이 되는 문장을 뒷받침하는 문장도 있어요. 그래서, 한 문단의 내용을 대표하는 문장을 중심 문장이라고 해요. 그리고 그 중심 문장을 '덧붙여 설명'하거나, 독자의 이해를 돕기 위해 '예를 드는' 문장을 뒷받침 문장이라고 해요. 무엇을 설명하는 글들은 대개 이렇게 구성되어 있어요. 앞선 내용을 정리해 볼까요? 낱말이 모여서 문장이 되어요. 중심 문장과 뒷받침 문장이 모여서 문단이 되어요. 문단들이 모여서 한 편의 글이 되어요. 여러 편의 글이 모여서 한 권의 책이 되어요. 그래서 책은 낱말과 문장과 문단과 글이 빼곡한 숲이에요.

• 아래의 두 물음을 읽고
  스스로의 생각을 자유롭게 써 보아요.

1. 문단에는 '중심 문장'과 '뒷받침 문장'이 있어요. 그런데 그중 '뒷받침 문장'을 잘 써야 좋은 글이 되어요. 그 까닭은 무엇일까요?

2. 오늘 일기를 '중심 문장'과 '뒷받침 문장'으로 구분하여 써 보세요.

3
'높임 표현'의 규칙을 이해하기

'높임말'은 왜 하는 걸까요?
높임 표현은 어떻게 할까요?
높임 표현에는 어떤 규칙이 있을까요?
높임말로 사용하는 낱말들은 무엇일까요?
웃어른을 공경하는 마음으로
높임 표현을 알맞게 해 보아요.

알맞은
높임 표현

밤하늘

어젠 할머니 ( )에서 할머니 ( )을 들었( ).
               댁   말씀   습니다

할머니( ) 가만히 밤하늘을 바라보( ).
      께서   셨습니다

( )는 궁금해서 할머니( ) ( ).
 저   께 여쭈었습니다

"할머니, 왜 밤하늘을 한참 바라보( )?"
                              세요

"네 할아버지( ) 어디 ( )는지 찾고 있단다."
     께서   계시

"돌아가신 할아버지(　) 밤하늘에 (　　)?"
　　　　　　　　께서　　　　　　계세요

"할아버지(　) 반짝이는 별들을 닮(　　)거든."
　　　　　께서　　　　　　　　　으셨

"정말(　)? 할아버지(　) 무얼 하고 (　　)?"
　　　요　　　　　께서　　　　　　계세요

"손녀를 내려다보(　)며 환히 웃고 (　　)는구나."
　　　　　　　　　시　　　　　계시

그러(　)고는 할머니(　) 달처럼 웃으(　　　).
　　시　　　　께서　　　　　　　셨습니다

(　)도 가만히 밤하늘을 올려다보았(　　　).
저　　　　　　　　　　　　　　습니다

영어와 다르게 우리말에는 높임말이 있어요. 영어는 웃어른께 하는 말과 친구에게 하는 말이 같지만, 우리말은 그렇지 않아요. 우리는 친구에게는 "너, 짜장면 먹을래?"라고 말하지만, 웃어른께는 "할아버지, 짜장면 드실래요?"라고 말씀드려요. 그래서 외국인이 우리말을 배울 때 힘들어해요. 말의 내용은 같아도 상대에 따라 알맞게 표현해야 하기 때문이에요. 자칫 잘못 표현하면 예의 없는 사람이 되어 버리니까요. 그래서인지 한국어를 하는 외국인들은 대개 누구에게나 존댓말을 하는 경우가 많아요. 그러면 실례할 일이 없어서 그런가 봐요.

높임말(존댓말)의 반대말은 '반말'이에요. 반말은 친구

3 '높임 표현'의 규칙을 이해하기

처럼 친한 사이이거나, 손아랫사람에게 편하게 하는 말이에요. 재미있게도 '반말'의 반(半)은 한자예요. 절반 반(半)이에요. 한자대로 뜻풀이하면, '말을 절반만 하는 것'이에요. 그 기준은 높임말일 거예요. 높임말로는 "정말요?"를 반말로는 "정말?"이라고 말해서 그런가 봐요. 그 얘기는 반말에 상대를 높이는 표현을 덧붙이거나, 반말을 높임말로 바꾸면 높임말이 된다는 뜻이기도 해요. -요, -시-, -합니-, -습니-, -입니-, -께, -께서 등이 높임말로 쓰는 말이에요. 노래해(노래해요), 일하(시)고, 공부한다(공부합니다), 반갑다(반갑습니다), 책이다(책입니다), 할머니에게(할머니께), 선생님이(선생님께서), 이렇게 반말에 '-요, -시-, -합니-, -습니-, -입니-'를 덧붙이거나, '에게'를 '께'로 바꾸고, '이(가)'를 '께서'로 바꾸면 높임말이 되어요.

그런데, 높임말을 쓰는 일은 간단하지만은 않아요. 같은 뜻이어도 전혀 다른 말로 바꾸어야 하는 경우가 많기

때문이에요. 말(말씀), 집(댁), 나이(연세), 밥(진지), 생일(생신), 딸(따님), 아들(아드님), 어머니(어머님), 아버지(아버님), 이름(성함), 먹다(드시다, 잡수시다), 주다(드리다), 자다(주무시다), 아프다(편찮으시다), 만나다(뵙다), 묻다(여쭙다), 있다(계시다) 등등 높임말로 바꾸어야 하는 말은 무척 많아요.

그래서 높임 표현을 알맞게 하려면 높임말로 쓰는 낱말들을 배우고 익혀야 해요. 익히다의 뜻은 '자주 경험하여 서투르지 않다.'예요. 배운 말도 자주 사용하지 않으면 잊어버려요. 그리고 우리말에 높임말이 따로 있다는 것은 '예절'을 중요하게 생각하는 생활 문화에서 비롯되었어요. 그저 웃어른이기에 높임말을 하는 게 아니에요. 웃어른을 공경하는 마음으로 높임말을 하면, 듣는 분은 아세요. 진심으로 하는 말인지, 그렇지 않은지를요. '말맛'이 느껴지거든요.

• 아래의 두 물음을 읽고
  스스로의 생각을 자유롭게 써 보아요.

1. '엄마가 아빠에게 말해서 아빠가 할머니에게 생일 선물로 줄 옷을 샀다. 그런데 아빠가 사 온 옷이 할머니의 몸에 안 맞았다.' 이 두 문장을 높임 표현으로 고쳐 쓰세요.

2. '높임말'의 장점과 '반말'의 장점을 각각 쓰세요.

4 편지 쓰는 형식과 순서를 익히기

편지는 무엇일까요?
편지는 왜 쓰는 걸까요?
편지에는 어떤 내용을 쓸까요?
편지를 쓸 때는 어떤 형식과 순서로 쓰면 좋을까요?
편지에 관하여 알아보고,
내 마음을 담아 전하고 싶은 말을
편지글로 써 보아요.

내 마음을 편지에 담아

편지의 소개말

제 이름은 편지예요.

제 몸은 편지지예요.

제 얼굴은 **인사말**이에요.

제 첫 표정은 **첫인사**예요.

제 마지막 표정은 **끝인사**예요.

제 마음은 **전하고 싶은 말**이에요.

전하고 싶은 말은 **받을 사람**마다 달라요.

누구에게는 축하하는 말이 쓰여 있어요.

누구에게는 사과하는 말이 쓰여 있어요.

누구에게는 고마워하는 말이 쓰여 있어요.

항상 같은 것도 있어요.

그것은 편지를 쓴 사람이에요.

항상 다른 것도 있어요.

그것은 편지를 쓴 날짜예요.

언제나 분명한 건 편지지에 적힌 말이에요.

마음이 한 말이 쓰여 있지 않다면

저는 그저 종이일 따름이에요.

편지는 무엇일까요? 편지는 한자로는 두 가지로 써요. 편안할 편(便), 종이 지(紙). 그리고 조각 편(片), 종이 지(紙)예요. 첫 번째에서는 왜 편안할 편(便)자를 썼을까요? 옛날에 멀리 있는 가족이나 친구가 보낸 편지를 받고, '잘 있다'라는 소식을 읽으면 마음이 편안해져서 편안할 편(便)자를 쓰지 않았을까요? 두 번째에서는 왜 조각 편(片)자를 썼을까요? 종이가 귀했던 옛날에 급히 할 말만 종이쪽지에 적어 보낸 편지도 있었을 거예요. 그래서 조각 편(片)자를 쓰지 않았을까요? "어머니께서 편찮으시다. 서둘러 집으로 와라."라는 식으로요. 이처럼 편지는 안부와 소식, 전하고 싶은 말을 적어서 보내는 글이에요.

4 편지 쓰는 형식과 순서를 익히기

편지는 멀리 있는 사람과 주고받는 글(말)이었어요. 전화가 없던 시절에는 편지 말고는 다른 방법이 없었으니까요. 오늘날에는 우체국이 있어서 단돈 몇백 원이면 제주도에도 편지를 보낼 수 있어요. 이메일로는 무료로 금방 보낼 수 있어요. 그래서 요즘은 편지지로 편지를 주고받는 경우가 거의 사라졌어요. 그런데도, 우리는 가끔 손으로 쓴 편지를 직접 전달하거나 우편으로 부쳐요. 웃어른 생신이면 예쁜 편지지에 축하하는 마음을 담아 편지를 쓰곤 해요. 내 생일에 선물을 부쳐 주신 이모에게도 감사하는 마음을 담은 편지를 써서 부치곤 해요. '스승의 날'에는 정성껏 만든 카네이션 편지를 담임 선생님께 드려요.

그런데, 편지를 쓸 때는 형식과 순서가 있어요. 첫째는, **편지를 받을 사람**의 이름이나 관계를 먼저 쓰는 것이에요. '그리운 이모에게' 또는 '사랑하는 할머니께' 식으로, 누구에게 보내는 것인지를 밝히는 거예요. 둘째는,

첫인사를 하는 것이에요. '항상 다정한 이모, 안녕하세요.' 또는 '할머니, 지난 설에 뵌 지가 엊그제 같은데 벌써 봄이에요. 그동안 건강하셨죠?' 식으로, 먼저 인사부터 해요. 셋째는, 편지로 전하고 싶은 말을 차근차근 쓰는 것이에요. 그것은 편지를 받을 사람의 안부를 묻는 말일 수도 있고, 편지를 쓰는 사람의 소식을 전하는 말일 수도 있어요. 또는 편지를 받을 사람에게 따로 하고 싶은 말일 수도 있어요. 그렇게, 전하고 싶은 말을 썼으니, 넷째는, 끝인사를 하는 것이에요. '이모, 다음에 만나면 재밌게 놀아요.' 또는 '할머니, 오래오래 건강하게 사세요.' 식으로, 편지를 마무리하며 끝인사를 해요. 그러고는 마지막은, 편지를 쓴 날짜와 쓴 사람을 적는 것이에요. '20××년 ×월 ×일, 사랑을 담아서, 이예진 올림' 식으로요. 그런데 편지의 형식보다 중요한 것이 있어요. 그것은 마음이 잘 드러나게 쓰는 거예요. 진실한 마음을 잘 표현한다면, 좋은 편지글이 될 거예요.

- 아래의 두 물음을 읽고
  스스로의 생각을 자유롭게 써 보아요.

1. 전화로 말하는 것보다, 편지를 써서 전달하면 어떤 점이 더 좋을까요?

2. 가족에게든, 친척에게든, 친구에게든, 선생님께든, 편지글 한 편을 정성껏 써 보세요. 그러고는 편지 봉투에 담아서 꼭 우편으로 부쳐 보세요.

5
설명하는 글의 중요한 내용을 간추리기

수업을 듣거나 글을 읽을 때,
기억하기 좋게 하는 방법은 무엇일까요?
중요한 내용을 잘 표시해 두는 방법은 무엇일까요?
설명하는 글을 읽을 때,
중요한 내용이 무엇인지를
어떻게 알아차릴 수 있을까요?
'메모'에 관하여 알아보아요.

중요한 내용을 적어요

나무 그림 그리기

나무 그림을 그려요.
「민화」라는 글을 나무 그림으로 **간추려요**.

먼저 뿌리를 그려요. 세 갈래 **뿌리**에는
민화(民畵)가 무엇인지를 적어요.

   옛날에 사람들이 널리 사용하던 그림
    생활에 필요한 실용적인 그림
    특별한 목적으로 사용한 그림

줄기도 그려요. 세 갈래 **줄기**에는
민화의 쓰임새를 적어요.

   잔치 때 쓰던 장식용 병풍 그림
   대문이나 벽에 부적*처럼 걸어 둔 그림

소망을 빌거나 축하하는 그림

가지도 그려요. 세 갈래 **가지**에는
민화에 그려진 동물과 식물을 적어요.

 호랑이, 까치, 물고기, 사슴, 학, 거북, 토끼, 매
 소나무, 대나무, 모란, 불로초*, 연꽃, 석류
 해태,* 용 같은 상상의 동물

열매도 그려요. 두 개의 **열매**에는
우리 조상들이 믿었던 간절한 마음을 적어요.

 우리 조상들은 민화를 보며 복을 기원함
 민화에는 나쁜 기운을 쫓는 힘이 있다고 믿음

나무 그림으로 글을 **간추리면** 기억하기 좋아요.

* 부적: 나쁜 일을 피하려고 글씨나 그림을 그려 간직하는 종이.
* 불로초: 먹으면 늙지 않는다고 하는 풀.
* 해태: 옳음과 그름, 착함과 나쁨을 판단한다는 상상의 동물.

　학교 수업이나 강연을 귀 기울여 들으면, 듣는 동안에는 선생님 말씀이나 강연자 말씀을 잘 알아들을 수 있어요. 그런데 이삼일 지나서 그 내용을 머릿속에 정리하려면 잘 기억나지 않는 경우가 많아요. 지식이나 정보를 알려주는 글을 읽을 때도 마찬가지예요. 그런 글을 집중하여 읽을 때는 잘 이해한 것 같아도, 며칠 후에 그 내용을 머릿속에 떠올리면 자세하게는 기억나지 않아요. 우리의 머리가 매일 새로운 정보를 받아들이느라고, 앞서 기억한 정보는 시간이 지날수록 지워지기 때문이에요.

　그래서 사람들은 수업을 듣거나, 글을 읽는 동안에 종종 '메모'를 해요. 메모(memo)는 영어예요. 메모라는 말은 우리나라에서도 자주 쓰는 낱말이어서 국어사전에도 나와 있어요. 메모의 뜻은 다른 사람에게 말을 전하거나 자신의 기억을 돕기 위해서 짧게 쓴 글이에요. 메모는 왜 할까요? 메모하는 까닭은 첫째, 나중에 기억하기 위해서예요. 둘째, 중요한 내용을 표시해 두기 위해서예요. 셋째, 한꺼번에 여러 내용을 듣거나 읽으면 오래 기억하지 못하기 때문이에요. 그런데 우리가 수업을 듣거나 글을 읽을 때, 그 내용을 모두 적어 둘 수는 없어요. 선생님의 말소리는 빠르고, 글의 양은 많아지니까요. 그래서 메모할 때는 중요한 내용을 짧게 쓰는 거예요.

선생님의 말씀이나 어떤 글에서 '중요한 내용'이 무엇인지는 어떻게 알아차릴 수 있을까요? 선생님의 말씀이나 글을 '간추리면' 알 수 있어요. 간추리다는 '흐트러져 있는 것을 가지런히 바로잡다'라는 뜻이기도 하지만, '말과 글에서 중요한 점만을 골라 간략하게 정리하다'라는 뜻이기도 해요. 그래서 설명하는 말이나 글을 간추리는

일은 그 말과 글에서 강조하는 점을 발견하는 일에서 비롯되어요. 특히 글을 읽을 때는 '문단'마다 중요한 내용을 찾아보아야 해요.

중요한 내용은 어떻게 발견할 수 있을까요? 중요한 내용에는 중요한 낱말이 포함되어 있어요. 예를 들면, 「동물을 치료하는 직업」이라는 글은 '수의사'에 관하여 설명하고 있어요. 수의사는 동물의 질병을 치료하는 의사이니까요. 그러므로 이 글에서 중요한 낱말은 '수의사'예요. 따라서 당연히 '수의사가 하는 일'이 중요한 내용에 포함되어요. 수의사가 되려면 어떤 과정을 지나야 하는지, 또 어떤 마음가짐이 필요한지도 중요한 내용이에요. 이처럼, 중요한 내용은 중요한 낱말과 연결되어 있어요. 그러니, 메모할 때는 먼저 중요한 낱말을 찾은 다음, 중요한 내용을 간추려서, 짧게 적어야 해요.

• 아래의 두 물음을 읽고
  스스로의 생각을 자유롭게 써 보아요.

1. 설명하는 글을 읽으세요. 그러고는, 앞의 동시처럼 '나무 그림'으로 중요한 내용을 간추리세요.

2. 설명하는 글을 읽고 메모하기 전에, 글 속의 중요한 내용을 필기도구로 어떻게 표시하면 좋을까요?

6 일이 생긴 원인과 결과의 관계 알기

우리 생활에서 일어난 일의 원인과 결과는 무엇일까요?
이야기에 나타난 원인과 결과는 무엇일까요?
어떤 일의 원인과 결과를 말할 때는 어떻게 말하면 좋을까요?
일어난 일의 원인과 결과의 관계를 알아보아요.

일이 일어난 까닭

이상한 경주

「토끼와 거북」을 다시 읽어요.
그 이야기를 원인과 결과로 다시 생각해요.

결과: 거북은 기뻐하고, 토끼는 창피해함.
원인: 토끼와 거북의 경주에서 거북이 이김.

결과: 토끼와 거북의 경주에서 거북이 이김.
원인: 토끼는 낮잠을 잤고, 거북은 쉬지 않음.

결과: 토끼는 낮잠을 잤고, 거북은 쉬지 않음.
원인: 토끼가 거북의 경주 능력을 깔봄.

결과: 토끼가 거북의 경주 능력을 깔봄.
원인: 토끼는 빠르고, 거북은 느림.

결과: 토끼는 빠르고, 거북은 느림.
원인: 토끼는 뛰어가고, 거북은 기어감.

결과: 토끼는 뛰어가고, 거북은 기어감.
원인: 토끼는 땅에 살고, 거북은 주로 물에 삶.

결과: 토끼는 땅에 살고, 거북은 주로 물에 삶.
원인: 서로 다른 곳에 살아가야 오래 살아남음.

그러므로,
토끼와 거북은 경쟁 관계가 아니에요.
그 둘이 수영 경기를 할 수 없듯이 말이에요.

자유롭게 색칠하여 그림을 완성해 보세요.

　어느 날 온몸에 열이 나고 기침과 콧물이 나서 끙끙 앓았던 적이 있을 거예요. 왜 아팠을까요? 나도 모르는 사이에 독감에 걸려서 아팠던 거예요. 이 말은 만약에 독감에 걸리지 않았더라면, 아프지 않았을 거라는 말이기도 해요. 하지만 독감에 걸렸고, 그래서 몸이 독감과 싸우느라고 열도 났던 거예요. 이렇게, 어떤 일에는 원인과 결과가 있어요. 아팠던 사실은 '결과'이고, 독감에 걸린 사실은 '원인'이에요. 독감에 걸린 '원인' 때문에 온몸이 아팠던 '결과'가 생겼던 거예요. 세상의 모든 일이 그래요. 원인 없는 결과는 없고, 결과 없는 원인도 없어요.

　'원인'과 '결과'의 말뜻은 무엇일까요? 둘 다 한자로

된 국어예요. 원인(原因)은 근원 원(原因), 말미암을 인(因)이에요. '근원'의 뜻은 (식물로 치면) '뿌리'예요. 뿌리 근(根)이에요. '말미암다'는 '어떤 일이 벌어지는 이유'를 뜻해요. 따라서, 원인의 말뜻을 한자대로 풀면, '어떤 일이 벌어지는 이유가 되는 뿌리'라고 말할 수 있어요. 그 뜻을 짧게 정리하면, 어떤 일이 일어난 까닭이에요. 결과(結果)는 맺을 결(結), 열매 과(果)예요. 따라서, 그 뜻을 한자대로 풀면, '열매를 맺음'이에요. 이 뜻풀이는 나무에 빗댄 표현이에요. '꽃이 피면 열매를 맺는다.'라는 일의 순서를 나타내는 말이에요. 결과의 뜻을 짧게 정리하면, 어떤 까닭으로 일어난 일이에요. 그러고 보면, 원인의 말뜻에도 '일'과 '까닭'이 있고, 결과의 말뜻에도 '까닭'과 '일'이 있어요. 그 순서가 다를 뿐이에요. 원인은 '어떤 일이 생겨나기까지의 까닭'이고, 결과는 '어떤 까닭으로 생겨난 일'이기 때문이에요. 따져 보면, 낱말 뜻도 수학처럼 재미있어요.

　'원인'과 '결과'는 글을 읽을 때도, 이야기할 때도 중요한 관계예요. 설명하는 글이든, 동화 같은 이야기이든, 글의 내용에는 원인과 결과가 있기 마련이에요. 거북보다 훨씬 빠른 토끼가 경주에서 진 원인은 토끼가 거북을 깔보고 낮잠을 잤기 때문이에요. 이처럼, 이야기에도 원인과 결과가 있어요. 내가 겪은 일을 말할 때도 원인과 결과의 관계로 얘기하면 좋아요. 그러려면, 겪은 일이 일어난 까닭을 먼저 찾아보아야 해요. 그러고는, 그 결과로 어떤 일이 일어났는지를 말하는 거예요. 그때, 원인과 결과를 이어 주는 말을 사용하면 좋아요. 이어 주는 말에는 '그래서', '때문에', '왜냐하면' 등이 있어요. 이어 주는 말을 잘 사용하면 원인과 결과의 관계를 잘 드러낼 수 있어요.

• 아래의 두 물음을 읽고
  스스로의 생각을 자유롭게 써 보아요.

1. 동화 속 이야기에는 일이 생긴 원인과 결과가 나타나 있어요. 그런데 시(동시)의 경우는 꼭 그렇지만은 않아요. 왜 그럴까요?

2. 최근 학교에서 겪은 일을 원인과 결과로 구분하여 가족이나 친한 사람에게 말해 보세요.

7 국어사전에서 낱말 찾기

잘 모르는 국어 낱말의 뜻은
어떻게 알아낼 수 있을까요?
글을 읽을 때 국어사전을 사용하면
좋은 점은 무엇일까요?
국어사전에는 낱말들이
어떤 차례로 실려 있을까요?
국어사전에서 낱말을 찾는
방법은 무엇일까요?
국어사전에서 낱말을 찾아보아요.

반갑다, 국어사전

국어가 사는 마을

안녕, 얘들아! 나는 **국어**야.
내가 사는 마을은 책가방보다 작지만
우리 마을에는 수많은 낱말이 아파트에 살아.
마을은 작아도 집들이 수만 개이거든.

우리 마을은 아파트 단지들로 이루어져 있어.
각 단지의 입구에는 단지 푯말이 쓰여 있어.
ㄱ ㄴ ㄷ ㄹ ㅁ ㅂ ㅅ ㅇ ㅈ ㅊ ㅋ ㅌ ㅍ ㅎ
이렇게 열네 단지가 있어.

각각의 낱말 집에는 문패가 붙어 있어.
약호와 **기호**가 그 문패야.
간단히 표시한 「반」은 '반대말'의 **약호**이고
여러 뜻을 나타내는 「 」, [ ], 〈 〉는 **기호**야.
약호와 **기호**는 낱말의 성격에 따라 달라.

너희가 낱말 뜻을 알고 싶어서 낱말을 찾으려면
먼저 **자음자** 단지 이름부터 찾아야 해.
탐구라는 낱말을 만나려면 ㅌ 단지로 가야 해.
탐구의 첫 글자의 첫 자음이 ㅌ이어서 그래.

그다음에는 **모음자** 동을 찾아가야 해.
탐구의 첫 모음자는 ㅏ여서 ㅏ 동으로 가야 해.
그러고는 **탐**의 받침인 ㅁ 라인으로 간 다음,
두 번째 글자가 **구**이니까 ㄱ 층으로 가야 해.
ㄱ 층에는 ㅏ 호부터 ㅣ 호까지 있어.
탐구의 **구**는 ㅜ 호여서 그곳에서 노크하면 돼.
그러면 **탐구**의 낱말 뜻이 문 열어 줄 거야.

탐구뿐만 아니라 모든 국어 낱말이 사는
우리 마을 이름은 **국어사전**이야.
사전의 낱말 뜻이 무엇이냐고?
궁금하면 직접 **국어사전**을 찾아보렴.

　글을 읽다 보면 말뜻을 잘 모르는 낱말을 보곤 해요. 그럴 때는 어떻게 하나요? 아주 낯선 낱말은 아니어서 그냥 넘어가나요? 한두 개의 낱말 뜻을 잘 몰라도 글의 내용을 이해할 때 문제가 없을 수 있어요. 하지만, 잘 모르는 낱말을 그냥 지나쳐 버리면, 나중에 다른 글에서 그 낱말을 다시 보면 그 뜻을 여전히 모를 수밖에 없어요. 그러니, 당장은 귀찮더라도 잘 모르는 낱말을 보면, 곧바로 말뜻을 찾아보는 습관을 들이세요. 낱말 뜻은 어디에서 어떻게 찾을 수 있을까요? 국어사전에서 찾을 수 있어요. **국어사전**은 **국어 낱말을 자음과 모음 순서로 배열하여 낱말들의 뜻을 풀이한 책**이에요. 또, 국어사전에는 어떤 낱말의 본말, 준말, 비슷한말, 반대말도 나와 있어서, 다른 낱말과의 관계도 알 수 있어요.

국어사전에서 낱말을 찾는 방법은 무엇일까요? 국어의 모든 낱말은 '자음자'로 시작해요. 그래서 국어사전에는 첫 번째 글자의 첫 자음자가 같은 낱말끼리 모여 있어요. 낱말을 쉽게 찾도록 한 거예요. 예를 들어, 낱말 탐구는 첫 자음자가 ㅌ인 낱말 중에서 찾을 수 있어요. '탐구'의 첫 자음자는 ㄱ, ㄴ, ㄷ, ㄹ, ㅁ, ㅂ, ㅅ, ㅇ, ㅈ, ㅊ, ㅋ, ㅌ, ㅍ, ㅎ 중에서 'ㅌ'이니까요. 그런데 한글은 '첫 자음자, 모음자, 받침'으로 이루어져 있어요. 그래서 이 차례대로 낱말을 찾아요. '탐구'를 찾을 때는 첫 번째 글자인 '탐'을 찾고, 그다음에 두 번째 글자인 '구'를 찾아요. 즉, 낱말 '탐구'를 찾으려면, 'ㅌ, ㅏ, ㅁ' 'ㄱ, ㅜ', 이 순서로 찾으면 돼요.

그런데, 한글 중에는 형태가 바뀌지 않는 낱말이 있고 형태가 바뀌는 낱말이 있어요. '물, 신발, 학교' 등의 낱말

은 '형태가 바뀌지 않는 낱말'이에요. 반면에, '마시다, 달리다, 배우다' 등의 낱말은 '형태가 바뀌는 낱말'이에요. 마시다는 마시니, 마시어, 마시니까 등으로 바뀌고, 달리다는 달리니, 달려서, 달리니까 등으로 바뀌니까요. 그래서 달리니를 찾으려면 달리니의 기본형인 달리다를 찾아야 해요. 국어사전에 달리니는 나오지 않기 때문이에요. '달리니', '달려서', '달리니까'까지 국어사전에 넣으려면 국어사전이 너무 두꺼워지잖아요. 그래서 '형태가 바뀌는 낱말'은 그 낱말의 기본형을 찾아야 해요. 기본형은 어떻게 찾을 수 있을까요? 형태가 바뀌지 않는 부분에 '-다'를 붙이면 기본형이 되어요. '마시-다', '달리-다', '배우-다', 이렇게요. 이제 국어사전을 찾는 방법을 알았으니, 잘 모르는 낱말을 볼 때마다 국어사전을 자주 찾아보세요. 국어사전은 똑소리 나는 국어 선생님이에요. 정말이에요.

• 아래의 두 물음을 읽고
  스스로의 생각을 자유롭게 써 보아요.

1. '움직임'을 나타내는 낱말과 '성질'이나 '상태'를 나타내는 낱말은 '형태가 바뀌는 낱말'이에요. 그 까닭을 생각하면서, 움직임을 나타내는 낱말들과 성질이나 상태를 나타내는 낱말들을 여러 개 써 보세요.

2. 국어사전에서 낱말을 찾았는데, 그 뜻이 여럿인 경우가 있어요. 낱말 '사회'처럼 말이에요. 그럴 때는 내가 찾는 낱말의 뜻풀이를 어떻게 고를 수 있을까요?

8
글에 나타난 글쓴이의 의견을 알아차리기

'의견'이라는 낱말의 말뜻은 무엇일까요?
글에 나타난 글쓴이의 의견을 파악하려면 글을
어떻게 읽으면 좋을까요?
동화에 등장하는 인물들의 의견은
어떻게 알 수 있을까요?
글에 나타난 글쓴이의 의견을
알아보아요.

의견이 있어요

「오성과 한음」을 읽고

오성이네 집 안에서 자란 감나무는
오성이네 것이다.

권 판서네 방문 창호지를 뚫은 팔은
오성이의 팔이다.
그러니 오성이는 창호지를 고쳐 드려야 한다.

오성이네 감나무의 감은
오성이네 집 안에서만 따야 한다.

담장 너머 멀리 자란 감이 손에 닿지 않아서
함부로 권 판서 집에 가서 감을 따면 안 된다.

그래도 그 감들을 따고 싶으면 오성이네는
권 판서나 그 집 하인에게 부탁해야 한다.

허락하지 않으면 그 감들은 딸 수 없다.

다행히 권 판서가 허락하더라도
권 판서의 집 안에서 딴 감 중 절반쯤은
권 판서네 마당을 사용한 대가로 드려야 한다.

그렇잖으면 내년에는 허락하지 않을 수 있다.
담장을 넘어온 감들은 결국 홍시가 될 테고
홍시는 마른 가지에서 떨어질 것이다.

감나무는 오성이네 것이지만
권 판서네 마당에 저절로 떨어진 감은
과연 누구네 것일까?

나무는 누구만을 위해 열매를 맺진 않는다.
그러니 이웃끼리 서로 다툴 일이 아니라
사이좋게 나누어 먹으면 더 맛있겠다.

　설명하는 글이든, 동화든, 글에는 글쓴이의 생각이 나타나 있어요. 동화에는 글쓴이가 드러나 있지 않다고요? 그래요. 하지만 동화를 쓴 작가는 동화 속 인물을 통하여 작가의 생각을 간접적으로 나타내요. 그 생각이 교훈일 수도 있고, 어떤 사실을 깨우쳐 주는 내용일 수도 있어요. 반면에, 설명하는 글에는 글쓴이의 생각이 드러나 있어요. 글쓴이의 생각에는 글쓴이의 '의견'이 포함되어 있어요. 그 점은 동화도 마찬가지예요. 작가의 의견 없이는 이야기가 지어지지 않으니까요.

　의견(意見)은 한자어예요. 뜻 의(意), 볼 견(見)이에요. 그런데 의(意)는 '생각'이라는 뜻으로도 쓰여요. 생각 의

(意)이기도 한 거죠. '의견'에서의 의(意)가 바로 생각 의(意)예요. 그래서 '의견'의 뜻을 한자대로만 풀면, '본 것을 생각한다.'라고 말할 수 있어요. 국어사전을 찾아보면, 의견은 '어떤 대상에 대하여 가지는 생각.'이라고 나와 있어요. 어때요? 한자 풀이와 비슷하죠? '(무엇을 보고) 그 대상에 대하여 가지는 생각'이라고 말할 수 있으니까요. 이처럼, 한자의 뜻을 풀면 낱말 뜻을 이해할 때 도움이 되어요.

글에서 글쓴이의 의견을 파악하려면 글을 어떻게 읽으면 좋을까요? 우선은 글의 제목을 생각해 보면 좋아요. 글의 제목은 글의 내용을 대표하는 말이니까요. 그러고는, 글의 문단마다 중심 문장을 찾아 간추려 보세요. 그곳에 글쓴이의 의견이 드러나 있어요. 그러면서 글쓴이가 그 글을 쓴 목적이 무엇인지 짐작해 보세요. 아무 목적 없이 글을 쓰지는 않으니까요. 특히, 글쓴이의 의견이 담겨 있는 문장에는 대개 '……라고 생각합니다.' 또는 '……

해야 합니다', '……하자.' 식으로 끝맺고 있는 경우가 많아요. 그런 문장을 주의 깊게 살펴보세요.

동화에서 작가의 의견을 파악하려면 동화를 어떻게 읽으면 좋을까요? 동화도 제목을 가만히 생각해 보면 좋아요. 동화 제목도 동화의 내용을 한마디로 말해 주는 경우가 많아요. 동화 「아씨방 일곱 동무」에는 아씨의 방에 있는 '자, 가위, 바늘, 실, 골무, 인두, 다리미', 이렇게 일곱 가지 바느질 도구가 등장해요. 왜 동화 제목을 그렇게 지었는지 알 수 있겠지요? 제목을 살펴보았으면, 동화 속 인물의 생각을 나타낸 부분을 찾아보세요. 또, 인물의 말이나 행동을 주의 깊게 살펴보세요. 그다음, 동화가 나타내는 의견을 파악할 때에는 그 의견에 대한 까닭도 함께 생각해 보면 좋아요. 동화뿐만 아니라 모든 글은 글쓴이의 어떤 생각에서 비롯되었으니까요. 바다까지 흘러가는 강물은 여러 산에서 흐른 계곡물에서 시작되듯 말이에요.

• 아래의 두 물음을 읽고
  스스로의 생각을 자유롭게 써 보아요.

1. 읽은 글 중에서 글쓴이의 의견을 잘 나타낸 제목들을 머릿속에 떠올려 보세요. 그리고, 그 제목들을 쓰세요.

2. 글쓴이의 의견과 독자의 의견이 다를 수 있어요. 그런 경우가 있었나요? 있었다면, 그 경우의 양쪽 의견을 써 보세요.

9
글 속의 모르는 낱말과 생략된 내용을 짐작하기

글을 읽을 때 잘 모르는 낱말이 나오면 어떻게 하나요?
잘 모르는 낱말의 뜻을 짐작하는 방법은 무엇일까요?
글에서 생략된 내용은 어떻게 짐작할 수 있을까요?
잘 모르는 낱말과 생략된 내용을 짐작하며 글을 읽어 보아요.

어떤 내용일까

어림이의 일기

오늘은 엄마와 약속한 날이다.
엄마와 나는 일요일마다 그동안
각자 쓴 일기를 서로 바꿔 보기로 했다.

엄마의 지난 월요일 일기를 읽었다.

"일이 늦게 끝나서 밤에야 집에 왔다.
어젯밤에 널어놓은 빨래가 모두 개어 있었다.
어느새 어림이가 개어 놓았단다.
어림이가 다 컸나 보다. 대견하다."

대견? 대견하다 가 무슨 뜻일까?
큰 개? 크게 본다?
아하! 앞의 말이 "다 컸다"이니
어른스럽다는 뜻일 듯하다.

지난 화요일의 일기도 읽었다.

"아침부터 장맛비가 내린다.
온종일 비가 내리니 마음이 우울하다."

우울? 우울하다가 무슨 뜻일까?
비가 와서 울고 싶다는 뜻일까?
아마도 슬픈 기분인가 보다.

엄마께서 슬퍼하셨다니 나도 슬프다.
오늘은 비가 그쳐서 다행이다.
앞으로는 비가 올 때마다
엄마께 웃긴 수수께끼를 내 드려야겠다.

그런데 다행이다의 정확한 뜻은 무얼까?
대견하다, 우울하다, 다행이다, 모두
국어사전을 찾아보아야겠다.

　지은 지 오래된 된 사찰에 가면 '불상, 종, 탑' 등의 문화재를 볼 수 있어요. 그리고 문화재에 대한 안내문이 있어요. 그런데, 안내문에는 잘 모르는 낱말들도 포함되어 있어요. 이를테면, '……을 중건할 때 건립된 것으로 추정됩니다.' 식으로 말이에요. 그래도 눈여겨 읽어 보면 그 내용을 대강은 이해할 수 있어요. '중건'은 '고쳐 지은 것'이고, '건립'은 '만들어 세운 것'이고, '추정'은 '미루어 판단하는 것'이에요. 그래서 그 안내문을 '……을 고쳐 지을 때 만들어 세운 것이라고 미루어 판단합니다.'라고 썼다면 어린이도 이해하기 쉬울 거예요. 그런데도 왜 이렇게 쓰지 않았을까요? 아마도 일반적인 안내문 형식을 따른 이유도 있겠지만, 안내문이 길어지지 않게 하려는 목적도 있을 거예요. 그래도 열 살쯤 된 어린이라면, 그 낱말들의 뜻을 정확히 알지는 못해도 그 안내문을 대강은 이해할 수 있을 거예요.

이처럼, 우리는 글을 읽을 때 종종 어떤 낱말의 뜻을 정확히 알지는 못해도 글의 내용을 대강 이해할 수 있어요. 어떤 낱말의 뜻은 잘 몰라도, 그 낱말의 앞뒤 문장을 살피면 그 뜻을 짐작할 수 있으니까요. '짐작하다'는 '어떤 사정이나 형편을 어림잡아 헤아리다'라는 뜻이에요. 따라서, 잘 모르는 낱말의 뜻을 짐작하는 방법은 그 낱말의 앞뒤 문장을 살펴서 그 뜻을 '어림잡아 헤아리는' 것이에요. 그리고, 그렇게 짐작한 뜻과 비슷한 뜻의 낱말로 바꾸어 보는 것도 좋은 방법이에요. 또, 그 낱말이 사용된 예를 떠올려 보는 것도 좋아요.

무엇을 설명하는 글에는 어떤 지식과 정보가 나타나 있어요. 천연기념물로 지정된 '장수하늘소'는 보기 드문

곤충이에요. 우리나라에서는 경기도 광릉에 있는 신갈나무 숲이 장수하늘소의 집단 서식지래요. 이런 장수하늘소의 생태를 설명하는 글을 읽었다면, 그 독자는 자연 보전을 생각도 할 수 있을 거예요. 읽은 글에서 자연을 보전하자는 내용은 쓰여 있지 않더라도 말이에요. 이처럼, 우리는 글을 읽으며 생략된 내용을 짐작할 수 있어요. 그러려면, 글에서 찾을 수 있는 '단서'를 발견해야 해요. 단서는 '어떤 일이 일어난 까닭을 풀 수 있는 실마리'를 뜻해요. 단서를 발견했다면, 자신의 경험을 떠올려 보면 좋아요. '장수하늘소는 천연기념물로 지정된 만큼, 보기 드문 곤충이다'가 단서예요. 그럼 자신의 경험은 무엇일까요? '장수하늘소는 사진으로만 보았을 뿐 숲에서 실제로 본 적은 없다.'이겠죠. 따라서, 그 글의 독자는 '희귀한 곤충이 멸종하기 전에 모두가 자연 보전에 힘써야겠다.'라고 생각할 수 있을 거예요. 이렇듯 우리는 글을 읽을 때, 모르는 낱말도 짐작하고, 생략된 내용도 짐작할 수 있어요. 우리에게는 생각하는 힘이 있으니까요.

• 아래의 두 물음을 읽고
  스스로의 생각을 자유롭게 써 보아요.

1. 앞의 수필은 일부러 조금 어려운 낱말을 포함하여 썼어요. 그 내용에서 잘 모르는 낱말이 있나요? 있다면, 그 낱말의 뜻을 짐작하여 뜻풀이해 보세요.

2. 국어사전을 찾아보았더니, 잘 모르는 낱말의 뜻이 짐작했던 것과는 전혀 다를 수도 있을 거예요. 그랬다면, 국어사전에 나온 그 낱말의 뜻풀이를 쓰세요.

10
'시'와 '이야기'의 다른 점

시를 읽는 재미는 무엇일까요?
이야기를 읽는 재미는 무엇일까요?
시와 이야기는 어떤 점이 다를까요?
시와 이야기는 어떤 점이 같을까요?
시와 이야기를 읽으며
양쪽의 특성을 알아보아요.

문학의 향기

종이비행기와 방패연

시를 접어요.
시를 흰 종이에 접어요.

시를 날려요.
시를 종이비행기로 날려요.

시가 날아요.
바람에 올라탄 시가 제 맘대로 날아요.

알 수 없어요.
종이비행기가 어디로 얼마큼 날지는
시인도 바람도 독자도 알지 못해요.

이야기를 만들어요.
이야기에 풀칠하고 실로도 묶어요.

이야기를 날려요.
이야기를 방패연으로 날려요.

이야기가 날아요.
바람을 보고 얼레*가 조종하는 대로 날아요.

알 수 있어요.
방패연이 어디에, 얼마큼 높이 떠 있을지
작가도 얼레도 알고, 독자도 눈치챌 수 있어요.

시는 손에서 떠난 종이비행기처럼
갈 길은 몰라도 자유로워요.

이야기는 공중에 뜬 방패연처럼
연줄에 이어져 있어서 손맛이 있어요.

* 얼레: 연줄을 감고 푸는 데 쓰는 기구.

시에는 어떤 재미가 있나요? 동화나 옛날이야기에는 어떤 재미가 있나요? 시, 동화, 옛날이야기를 머릿속에 떠올려 보세요. 시의 재미와 이야기의 재미는 서로 다르지 않나요? 그렇게 느낀다면, 그 둘의 다른 점이 무엇인지 가만히 생각해 보아요. 글의 길이가 다르다고요? 시는 짧고 이야기는 길다고요? 그래요. 시는 동화 같은 이야기보다 글의 길이가 짧아요. 또 다른 차이는 무엇일까요? 이야기보다 시에 산뜻한 표현이 더 많은 것 같나요? 그래요. 시에는 '훨훨'이나 '뒤뚱뒤뚱'처럼 **모양을 흉내 내는 말**도 나오고, '우당탕'이나 '아삭아삭'처럼 **소리를 흉내 내는 말**도 나와요. 이런 흉내 내는 말은 이야기에도 나오지만, 시에서의 표현은 사뭇 달라요. 그것이 이야기에서는 앞뒤 상황에 맞게 설명으로 표현되고 있지만, 시에서는 간단하고 깔끔하게 표현되어 있어요.

예를 들어 볼까요? 이야기에서는 "깜짝 놀란 나비가 곤충 채집망을 피해서 훨훨 날아갔어요."라고 표현해요. 나비가 훨훨 날아간 까닭을 문장에서 설명해요. 하지만 시에서는 "깜짝이야! 나비는 훨훨." 이렇게 간단하게 표현해요. 시는 짧게 표현했어도 독자는 그 내용을 알 수 있어요. 따라서, 이야기는 내용의 흐름을 주의 깊게 읽으면, 이야기가 뒷부분에서 어떻게 진행될지를 대강 눈치챌 수 있어요. 흥부가 복 받은 사연을 알고 집으로 돌아간 놀부가 일부러 제비 다리를 부러뜨리는 장면을 읽는 독자는 '아하, 놀부는 그 일로 벌을 받겠구나!' 하고 생각할 수 있어요. 반면에 시는 주의 깊게 읽어도, 뒷부분에서 어떻게 끝맺을지를 눈치채기 어려워요. 윤동주 시인의 「못 자는 밤」이라는 아주 짧은 시가 있어요. "하나, 둘, 셋, 넷 / ……… / 밤은 / 많기도 하다."가 시의 전부

예요. 이 시의 앞부분은 '하나, 둘, 셋, 넷'이지만, 그 숫자가 '긴 밤'을 뜻한다는 것을 독자는 끝까지 읽어야 알 수 있어요.

이처럼, 이야기와 시는 달라요. 그래서 이야기와 시는 읽는 맛도 달라요. 이야기가 한입 가득 베어 먹는 시원한 수박 맛이라면, 시는 저절로 눈이 감길 만큼 새콤한 자두 맛이기도 해요. 앞의 동시 「종이비행기와 방패연」에서 저는, 이야기는 방패연에, 시는 종이비행기에 빗대어 표현했어요. 방패연도, 종이비행기도 공중을 나는 놀잇감이지만, 연은 연줄에 매여 있어서 조종할 수 있어요. 이어지는 이야기의 흐름을 알아차릴 수 있듯이 말이에요. 반면에, 종이비행기는 손을 떠나면 종이비행기를 날린 사람도 비행기가 어디로 얼마큼 날아갈지를 알지 못해요. 시의 흐름은 마치 어디에 내려앉을지 모르는 눈송이 같기 때문이에요. 그래도 시와 이야기에는 공통점이 있어요. 그것은 재미와 감동이에요.

• 아래의 두 물음을 읽고
  스스로의 생각을 자유롭게 써 보아요.

1. 한 어린이가 어떤 시를 읽고 감동했어요. 다른 어린이도 그 시를 읽고 감동했어요. 이 두 어린이가 감동한 시의 대목은 같을까요? 아니면 다를까요? 같다고 생각하든, 다르다고 생각하든, 자기 생각을 자유롭게 쓰세요.

2. 동화에서 독자에게 감동을 주는 내용은 대개 어느 쪽에 있을까요? 앞부분일까요? 가운데 부분일까요? 끝부분일까요? 자기 경험을 떠올려서 대답해 보세요.

11 작품 속 인물의 표정, 몸짓, 말투 살피기

이야기를 어떻게 감상하나요?
만화 영화는 어떻게 감상하나요?
이야기나 만화 영화 속 인물들의
표정, 몸짓, 말투는 어땠나요?
이야기나 만화 영화를 보면서
등장인물들의 행동과 말투를 살펴보아요.

작품을 보고
느낌을 나누어요

세쌍둥이

기쁘면 눈빛이 보석이 되어요.
슬프면 눈물이 눈동자를 덮어요.
놀라면 두 눈에 보름달이 떠요.
화나면 눈매가 마름모가 되어요.
샘나면 아랫입술이 삐죽 나와요.
걱정이 생기면 얼굴에 그늘이 생겨요.

금메달을 따면 양팔을 활짝 벌려요.
할머니와 헤어질 땐 한 손만 가만히 흔들어요.
자전거에 치일 뻔하면 온몸이 굳어요.
책 읽기를 방해하면 눈살이 찌푸려져요.
잘난 체하면 고개를 돌려요.
엄마께서 편찮으시면 땅만 보고 걸어요.

세뱃돈을 받으면 "감사합니다." 해요.

꾸중 들으면 "혼자 있고 싶어요……" 해요.
뒤에서 어깨를 치면 "아이 깜짝이야!" 해요.
다툴 때는 "너, 선생님께 이를 거야." 해요.
동생이 아이스크림을 먹으면 "맛있냐?" 해요.
시험 성적이 나쁘면 "아, 집에 가기 싫다." 해요.

표정은 감정에 따라 변하는 날씨예요.
날씨에 따라 표정은
화창하고, 흐리고, 비바람이 불어요.

몸짓은 날씨에 따라 변하는 바다예요.
바다에 따라 몸짓은
파도치고, 잔잔하고, 석양에 물들어요.

말투는 바다에 따라 변하는 계절이에요.
계절에 따라 말투는
꽃이 피고, 열매를 맺고, 낙엽이 져요.

표정과 몸짓과 말투는 세쌍둥이예요.

동화 같은 이야기에는 인물이 나와요. 사람은 나오지 않고 동물만 나오는 동화도 많다고요? 그래요. 어떤 동화에는 사람 대신에 여우, 늑대, 호랑이, 개미, 베짱이 등의 동물이나 나무나 풀 같은 식물도 등장하곤 해요. 그런데 인물은 꼭 사람만을 뜻하는 말은 아니에요. 인물(人物)은 한자어예요. 사람 인(人), 물건 물(物)이에요. 한자 대로만 뜻풀이하면 '사람과 물건'이라고 말할 수 있겠어요. 하지만 국어사전에 나오는 인물의 뜻은 '생김새나 됨됨이로 본 사람이거나, 일정한 상황에서 어떤 역할을 하는 사람'이에요. 그래서 이야기에 등장하는 인물을 '어떤 됨됨이를 갖춘 사람, 또는 그 역할을 하는 동물이나 식물이나 사물'이라고 말할 수 있겠어요. 돌멩이가 인물로 등장하는 동화도 있으니까요. 따라서, 이야기 속의 인물들에는 성격과 됨됨이가 있고, 그것은 인물들의 행동과 말로 나타나요.

여러 이야기를 머릿속에 떠올려 보세요. 이야기에서 인물들의 행동은 **표정**과 **몸짓**으로 나타나요. 이야기 속의 인물이 기뻐하는 표정, 또는 슬퍼하는 표정을 어떻게 지었을지를 상상해 보세요. 그리고, 표정과 함께 몸짓은 어떻게 했을지를 떠올려 보세요. 상상한 인물의 행동은 아마 독자의 경험이나 행동 습관과 비슷할 거예요. 또는 어떤 만화 영화나 드라마에서 본 모습에 가까울 거예요. 우리가 전혀 경험하지 않은 것을 상상하기는 어렵기 때문이에요. 이야기 속 인물의 표정과 몸짓을 떠올릴 수 있으면, 그 인물의 **말투**도 상상할 수 있을 거예요. 어떤 인물이 잘난 체를 한다면, 그 인물이 거들먹거리며 함부로 말하는 것을 예상할 수 있으니까요. 낱말 **말투**(말套)의 투(套)자는 씌울 투(套)예요. 그래서 **말투**를 '말의 망토'라

고 말할 수 있지만, 사전적 의미는 '==말하는 버릇=='이에요.

　만화 영화 속 인물을 그리는 화가들은 등장인물의 성격과 됨됨이를 파악하여 그 모습을 그려요. 그러고는 각각의 인물들이 처한 상황에 따라 표정과 몸짓을 그려요. 또, 등장인물의 목소리 역할을 맡은 성우(목소리로만 연기하는 배우)는 인물의 성격과 됨됨이에 어울리는 말투로 말소리를 내요. 물론, 인물들이 처한 상황에 걸맞게 성우의 목소리는 바뀌어요. 인물의 기분에 따라 말투도 바뀌니까요. 그래서, ==만화 영화를 볼 때 인물의 **표정과 몸짓과 말투**를 주의 깊게 살피면 더 재미있어요==. 그리고 내가 화가이고 성우라면, 인물들의 표정과 몸짓과 말투를 어떻게 표현했을지도 상상해 보아요. 그럴 수 있다면, 작품을 더욱 깊게 만나는 독자가 될 거예요.

• 아래의 두 물음을 읽고
  스스로의 생각을 자유롭게 써 보아요.

1. 인물의 '성격'과 '됨됨이'는 서로 같은 걸까요? 아니면 다른 걸까요? (조금 어려운 질문이지만) 두 낱말 뜻을 생각하여 대답해 보세요.

2. 이야기 속 인물뿐만 아니라, 우리도 화가 나면 표정과 몸짓과 말투가 달라져요. 그럴 때, 차분하게 말하고 행동하려면 어떤 습관을 들이면 좋을까요? 자유롭게 써 보세요.

12 아는 내용과 겪은 일을 떠올려 글 읽기

글을 읽을 때 어떤 생각을 하며 읽으면 좋을까요?
아는 내용과 겪은 일을 떠올리며
글을 읽으면 어떤 점이 좋을까요?
이미 알고 있는 지식과 직접 겪은 일을
떠올려서 글의 내용을 이해해 보아요.

중심 생각을 찾아요

사계절에 새겨진 토박이말

방금 짐을 싸서 떠난 겨울이 아쉬워서
소소리바람을 남겨 두었어요.
이른 봄에 살 속으로 **파고드는** 찬 바람이에요.

봄비를 먹고 봄볕을 입고 봄꽃이 피어나면
꽃 피는 걸 **시샘**하는 **꽃샘**추위가 심술부려요.
꽃샘추위를 데려온 **꽃샘**바람도 불어요.

여름은 장마를 졸졸 따라와요.
장마철인데도 **비가 적게** 내리면
마른장마가 여름을 데려와요.

여름은 더위가 세상을 덮어요.
무더위는 **물**+더위여서 물기 많은 더위고요,
불볕더위는 **불볕**+더위여서 뜨거운 더위예요.

가을은 건들건들 걸어와요.
건들바람은 가볍고 부드러워도 서늘하고요,
건들장마는 비가 쏟아지다 그치기를 반복해요.

늦가을에는 수증기가 얼어붙어 서리가 내려요.
무서리는 진밥처럼 물기가 많은 서리이고요,
된서리는 된밥처럼 물기가 적은 서리예요.

겨울은 북쪽에서 눈바람을 타고 와요.
가랑눈은 가랑비처럼 눈송이가 잘게 내리고요,
진눈깨비는 비가 섞여 내리는 눈이에요.

탐스러운 눈은 함박눈이에요.
함박눈은 함박꽃처럼 크고 굵은 눈이고요,
도둑눈은 도둑처럼 밤새 몰래 내린 눈이에요.

계절은 오고 가도 아름다운 순우리말엔
사계절에 새겨진 토박이말이 있어요.

어떤 글이 있어요. 한 어린이가 그 글을 읽어요. 글의 제목은 「날씨를 나타내는 토박이말」이에요. 제목을 읽은 어린이의 눈에 세 낱말이 들어와요. '날씨', '나타내는', '토박이말'이 그것이에요. 그중 두 낱말은 잘 알고 있어요. 반면에 '토박이말'이라는 낱말은 언젠가 들어 본 것 같은데 정확한 뜻은 잘 몰라요. 그렇지만 그 어린이는 '토박이말'이 '어떤 특별한 성격이 있는 말'이겠거니 하고는, 제목이 나타내는 뜻을 예상해 보아요. 그러고는 '아마도 이 글이 날씨를 나타내는 특별한 성격의 말을 설명해 주는가 보다' 하고 생각해요. 이어서 그 어린이는 글을 읽기 시작해요.

첫 문단은 '토박이말'을 설명하는 내용이에요. 그제야 어린이는 토박이말의 뜻을 이해해요. '옛날부터 우리 조상들이 만들어 써 온 말'이구나! 그러고는 그 글이 '계절별로 날씨를 나타내는 우리나라의 고유한 말들을 설명하는 내용'이라는 것도 알아차려요. 어린이는 이어서 다음 문단을 읽어요. 둘째 문단에서는 봄 날씨를 나타내는 토박이말들을 소개하고 있어요. 그 토박이말들은 '꽃샘추위, 꽃샘바람, 소소리바람'이에요. 그 세 낱말은 겨울 날씨가 남아 있는 초봄 날씨를 나타내는 낱말들인 것을 알게 되어요. 즉, 초봄 날씨는 종종 추워서, 그때 부는 바람과 기온은 마치 꽃이 피는 걸 시샘한다고 여긴 우리 조상들이 꽃샘이라는 이름을 붙였다는 사실을 알게 되어요. 그러고는 어린이는 지난봄의 경험을 머릿속에 떠올려 보아요. 겉옷을 얇게 입었던 초봄에 무척 추웠던 기억을 말이에요.

이처럼, 글을 읽을 때는 이미 '아는 내용'을 글과 연결

하고, 직접 '겪은 일'을 떠올릴 수 있으면 좋아요. 글의 내용 중에서 일부라도 알고 있거나, 자기 경험을 떠올려 글의 내용을 느낄 수 있으면 글을 이해하기 쉬워요. 아는 내용은 독자가 머릿속에 기억하고 있는 내용이어서 글의 이해를 도와요. 또, 겪은 일은 독자의 상상을 글의 내용에 보낼 수 있어서 흥미를 끌어내요. '아하! 그래서 꽃샘추위라고 이름 붙였구나!'라고 말이에요. 이때, '꽃샘추위, 꽃샘바람, 소소리바람'은 새로 알게 된 내용이에요. 그리고, 독자는 새로 알게 된 내용에서 한발 더 나아가 더 알고 싶은 내용도 생각할 수 있어요. 글에서 '소소리바람'은 '이른 봄에 살 속으로 스며드는 듯한 차고 매서운 바람'이라고 설명했는데, 그럼 '소소리'라는 말뜻은 무엇이지? 이렇게 생각하면 그 말의 정확한 뜻을 찾아보고 싶은 마음도 생겨요. 그럼으로써 '새로 알게 된 내용'은 또 다른 글을 읽을 때는 '아는 내용'이 되어요. 지식은 바다와 같아요.

• 아래의 두 물음을 읽고
  스스로의 생각을 자유롭게 써 보아요.

1. 소소리바람은 '이른 봄에 살 속으로 스며드는 듯한 차고 매서운 바람'이에요. 그럼, '소소리'의 말뜻은 무엇일까요? 그 뜻을 찾아 쓰고, '소소리바람'이라고 이름 붙인 까닭도 생각하여 써 보세요.

2. 읽고 있는 글의 내용이 독자가 '아는 내용'과 다를 때에는 그 내용의 사실 여부를 어떻게 확인하면 좋을까요?

13 자기 경험을 글로 쓸 때 주의할 점

자기 경험을 글로 써 보았나요?
자기 경험을 글로 쓸 때 글에 무엇을
먼저 밝히면 좋을까요?
글을 쓰고 나서 쓴 글을 다시 읽어 보나요?
쓴 글을 고치면 좋은 점은 무엇일까요?
자기 경험을 글로 쓸 때 주의할 점을
알아보아요.

자신의 경험을
글로 써요

글꽃

언제, 어디에서, 누가, 있었던 일이
글쓰기 공책에 모였어요.

언제가 먼저 나서서 말했어요.
"겪은 일을 글로 쓰려면 내가 가장 중요해.
언제 경험했는지를 쓰지 않으면
경험했을 때를 독자가 알 수 없거든."

어디에서가 두 번째로 나서서 말했어요.
"겪은 일을 글로 쓰려면 내가 가장 중요해.
어디에서 경험했는지를 쓰지 않으면
경험한 곳을 독자가 알 수 없거든."

누가도 나서서 한마디 했어요.
"겪은 일을 글로 쓰려면 내가 가장 중요해.

누가 경험했는지를 쓰지 않으면
경험한 사람을 독자가 알 수 없거든."

있었던 일도 말하지 않을 수 없었어요.
"겪은 일을 쓰려면 나야말로 가장 중요해.
있었던 일을 쓰지 않으면
경험한 일을 독자가 알 수 없거든."

각자의 주장을 들어 보니 다 맞는 말이었어요.
그때 웬 쌍둥이가 공책에 나타나 말했어요.
"겪은 일을 글로 쓰려면 너희 모두 중요해.
하지만 우리가 없으면 좋은 글이 될 수 없어."

앞서 말한 네 친구가 한목소리로 물었어요.
"그렇게 말하는 너희는 누구니?"

"궁금하니? 우리는 글에 피는 꽃이야.
글쓴이의 마음을 글꽃으로 피워 내는
생각과 느낌이야."

　자신의 경험을 글로 써 보았나요? 일기든, 편지든, 설명하는 글이든, 글 쓰는 순서가 있듯이 자신의 경험을 글로 쓸 때도 순서가 있어요. 먼저, 기억에 남는 일들을 머릿속에 떠올려 보는 게 좋아요. 인상 깊은 일일수록 좋아요. 그러면 어떤 경험을 글로 쓸지를 어렵지 않게 정할 수 있어요. 막내 이모의 결혼식 이야기를 쓸지, 할머니의 칠순 생신을 맞아 가족 여행을 한 이야기를 쓸지를 정하는 거예요. 글로 쓸 이야깃거리가 정해지면 그때의 상황을 자세하게 떠올려 보아요. 이를테면, 모두가 즐거운 결혼식장에서 나만 배탈 나서 화장실을 세 번이나 다녀온 경험은 오랫동안 기억에 남을 수밖에 없을 거예요. 그러면 언제, 어떤 사람들이, 어느 장소에서, 어떤 일을 겪었는지가 분명해져요. 자연스레 어떤 이야기를 쓸지도 정해져요.

그래서 ==자신의 경험을 글로 쓸 때는 언제, 어디에서, 누구와, 어떤 일이 있었는지를 먼저 밝히면 좋아요.== 그래야 독자도 글쓴이가 경험했던 당시 상황을 알아차릴 수 있어요. 지난 5월에, 대전의 야외 결혼식장에서, 막내 이모가 결혼식을 올리는 동안 나는 배탈이 났다. 이렇게, '**때**, **장소**, **함께한 사람**, **겪었던 일**'을 밝히면, 갑자기 배탈 났던 글쓴이의 상황이 독자에게는 우스꽝스럽고도, 안쓰러운 마음을 불러일으킬 거예요.

그러고 나면 글에 밝혀야 할 가장 중요한 내용이 남아 있어요. 그것은 **글쓴이의 생각과 느낌**이에요. 자기 경험에 대한 글쓴이의 생각과 느낌은 자유로워요. 글쓴이는 찬 음식을 너무 많이 먹지 말아야겠다고 생각할 수도 있고, 기분 좋은 날 막내 이모에게 걱정을 끼쳐 죄송한 마음을

느낄 수도 있어요. 글에 밝힌 글쓴이의 생각과 느낌은 독자의 마음에도 전달되어요.

글을 다 썼다고 할 일이 끝난 게 아니에요. 쓴 글을 한두 번은 다시 읽어 보세요. 우리가 글을 쓸 때는 마치 냇물에 띄운 종이배가 흘러가듯 글이 나아가는 방향에 따라 쓰곤 해요. 그런데 글을 마치고 나서 다시 읽어 보면, 마치 종이배가 한곳에서 계속 맴돌기도 하듯이, 지루한 대목도 눈에 띄곤 해요. 그럴 때는 글의 균형을 맞추어야 해요. 글을 고쳐 쓰는 거예요. 결혼식장에서 배탈 난 상황을 중심으로 글이 나아가야 하는데, 결혼식장 풍경이나 그때 만난 친척들 이야기가 너무 길어졌다면, 글을 고쳐야 해요. 물론, 띄어쓰기를 바르게 했는지도 살펴야 하고요. 손님이 집에 오시면 정성껏 요리하여 가지런히 그릇에 담듯이, 글쓰기도 정성을 들이면 좋은 글이 되어요.

• 아래의 두 물음을 읽고
  스스로의 생각을 자유롭게 써 보아요.

1. 자기 경험을 글로 쓸 때, 자기 생각과 느낌을 솔직하게 쓰지 못하게 방해하는 마음도 있나요? 그렇다면, 그 마음은 어떤 마음인가요? 평소에 쓴 일기를 떠올려 대답해 보세요.

2. 자기가 쓴 글을 자기가 고쳐 쓰면 어떤 점이 좋을까요? 경험을 떠올려서 대답해 보세요.

14 감각을 살려서 시를 읽고 쓰기

잘 쓴 시를 읽으면 어떤 느낌이 드나요?
잘 쓴 시는 어떻게 표현하나요?
'감각적 표현'이란 무엇일까요?
시의 내용이 될 수 없는 재료도 있을까요?
'눈, 코, 귀, 혀, 살갗'의 느낌을 살려서
시를 읽고, 써 보아요.

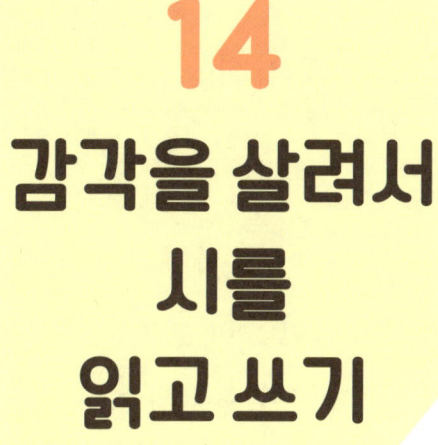
감동을 나타내요

상상 음악회

시는 글이 그린 **모양**.
보름달이 초승달 된 피자.
쌀 한 줌이 보름달 된 뻥튀기.
시는 **눈**으로 보는 모양.

시는 글이 낸 **소리**.
밥솥에서는 기차가 칙칙폭폭.
배 속에서는 목욕탕 방귀가 꼬르륵.
시는 **귀**로 듣는 소리.

시는 글이 풍긴 **냄새**.
바닷가 미역의 비릿한 일광욕.
꿀벌을 향긋이 부르는 장미.
시는 **코**로 맡는 냄새.

시는 글이 먹은 **맛**.
꽃게탕에서 수영하는 숟가락.
아이스크림 옷을 입는 입술.
시는 **혀**로 느끼는 맛.

시는 글이 닿은 **감촉**.
배춧잎은 증조할머니의 손등.
찹쌀떡은 갓난아기의 뺨.
시는 **살갗**으로 느끼는 감촉.

시는 **다섯 감각**이 함께 연주하는 음악회.
시는 눈과 귀와 코와 혀와 살갗으로
모양과 소리와 냄새와 맛과 감촉을 연주하는
상상 음악회.

시를 좋아하나요? 잘 쓴 시를 읽고 재미있어하거나 감동한 적이 있나요? 감동(感動)은 한자어예요. 느낄 감(感), 움직일 동(動)이에요. 그래서 그 말뜻은 '(크게) 느끼어 마음이 움직임'이에요. 잘 쓴 시를 읽으면 우리는 감동해요. 우리에게는 감동할 수 있는, 착한 마음이 있기 때문이에요. '감동'은 진지한 느낌만을 가리키는 말이 아니에요. 즐거움과 재미도 감동의 느낌이에요. 그래서 잘 쓴 동시는 독자에게 웃음도 선물해요. 이정환 시인의 동시처럼 "공을 차다가 그만 / 햇빛을 뻥! / 차 버렸어요." 같은 표현은 참 재미있어요. 이어서, "운동화가 우아! 하고 / 한참 솟구쳐 오를 때" 같은 표현은 독자의 상상을 도와요. 어린이는 발도 빨리 자라요. 그래서 엄마들은 크기가 넉넉한 신발을 사 주시곤 해요. 그러니 공차기할 때 운동화가 자주 벗겨질 수밖에요. 이 시의 제목은 '공을 차다가'이지만, '헛발'이라고 지었어도 좋았겠어요.

이처럼, 잘 쓴 시에는 '감각적 표현'이 잘 나타나 있어요. '감각'의 말뜻은 이미 이 책의 1장에서 설명했어요. 다시 말하면, 감각은 '눈, 코, 귀, 혀, 살갗으로 몸 바깥을 알아차림'을 뜻해요. 그래서 감각적 표현은 눈, 코, 귀, 혀, 살갗의 느낌으로 잘 표현한 것이에요. 축구 하는 한 아이가 공을 차려고 했어요. 그런데 그만 실수하여 헛발질만 한 것을 시인은 햇빛을 뻥 차 버렸다고 재미있게 표현했어요. 보고 듣는 감각으로 쓴 표현이에요. 그래서 독자도 보고 듣는 감각으로 그 장면을 상상할 수 있어요. 상상할 수 있다는 것은 독자도 감각적 표현으로 시를 쓸 수 있다는 말이에요. 그러려면 '쓸 거리'가 있어야 해요. 즉, 시를 쓰려면 시의 내용이 될 만한 어떤 재료가 있어야 해요.

　시의 재료가 될 만한 것은 무엇일까요? 아니, 시가 될 수 없는 재료는 무엇일까요? 시가 될 수 없는 재료는 없어요. 다시 말하면, ==세상의 모든 것이 시가 될 수 있어요.== 공차기, 수영하기, 아이스크림 먹기, 잠자기, 숙제하기 등등 우리의 일상생활은 물론이고, 우리가 한 번도 벗어나지 못한 지구 바깥도 시로는 갈 수 있어요. 그것이 시의 자유이고, 능력이에요. 다만, 글쓴이만 느낄 수 있는 시는 그 범위가 좁아요. 시를 잘 읽는 독자조차도 느끼지 못하게끔 쓴 시는 글쓴이만의 글일 따름이에요. 그러니 독자에게 감동을 주지는 못할지라도, 독자도 함께 느낄 수 있는 감각적 표현을 하여 시를 써 보세요. 그러려면 어떻게 해야 할까요? ==감각적 표현은 감각에서 나타나니 '눈, 코, 귀, 혀, 살갗'으로 세상을 가만히 느껴 보세요.== 그러면, 벗겨진 운동화가 공중에서 햇빛을 차고 있을 거예요.

• 아래의 두 물음을 읽고
  스스로의 생각을 자유롭게 써 보아요.

1. '모양을 흉내 내는 말'과 '소리를 흉내 내는 말'을
   사용하여 감각적으로 표현한 동시를 한 편 써 보세요.

2. 대중목욕탕에 가면 어르신들이 뜨거운 온탕에
   들어앉아서 "아, 시원하다."라고 말씀하시곤 해요.
   살갗은 뜨거울 텐데, 왜 그렇게 표현하실까요?

15
예절을 지켜서 대화하기

전화로 대화할 때는 말을 어떻게
주고받으면 좋을까요?
처음에 전화 받은 분에게는 어떻게
통화해야 할까요?
만나서 대화할 때는 말을 어떻게
주고받으면 좋을까요?
통화할 때와 만나서 대화할 때를
구분하여 바르게 대화해 보아요.

바르게 대화해요

전기로 하는 대화

말이 가요.
말이 와요.
두 전화기 사이를
말이 가고 와요.

처음에 말이 가지만
말을 보낸 사람은
말을 받는 사람을 몰라요.

처음에 말이 오지만
말을 받은 사람은
말을 보낸 사람을 몰라요.

— 여보세요.
— 여보세요.

여보세요는
여기 보세요의 준말이지만
전화로는 여길 볼 수 없어요.

그래서 전화에는 없어요.
전화에는 눈이 없어요.
표정도 몸짓도 없어요.

대신에 전화에는 있어요.
전화에는 입과 귀가 있어요.
주고받는 말소리가 있어요.

그래도 전화 말소리는
눈과 표정과 몸짓이 될 수 있어요.
어떻게 되냐고요?
통화 **예절**을 지키면 마음이 보아요.

자유롭게 색칠하여 그림을 완성해 보세요.

　요즘은 어린이들도 스마트폰으로 통화하는 일이 잦지만, 집 전화기로 전화하는 일도 적지 않아요. 전화(電話)는 한자어예요. 번개 전(電), 말씀 화(話)예요. '번개'는 '전기'를 뜻하는 말이어서, 전화의 말뜻을 한자로 풀이하면 '전기를 (이용하여) 말함'이에요. 이 낱말의 정확한 뜻은 '전화기를 이용하여 말을 주고받음'이에요. 그래서 전화는 만나서 대화하는 것과 달라요. 상대가 안 보이는 상태에서 말을 주고받으니까요. 그러니 친구 집에 처음 전화하면 전화를 받는 분이 누구인지 알 수 없어요. 그분은 친구 엄마일 수도 있고, 친구 누나일 수도 있어요. 그리고 그분은 누구에게 걸려 온 전화인지 궁금해할 거예요. 따라서, 전화한 사람은 자기가 누구인지를 먼저 밝혀야 해요. 그렇게 하지 않은 채 불쑥 "형호 좀 바꿔 주세요."라고 말한다면, 전화 받은 분은 "(전화한 분은) 누구신데요?"라고 묻고 싶을 거예요. 그러므로 전화할 때는 자신이 누구인지를 먼저 밝혀야 해요. "안녕하세요. 저는 형호 친구 김수종인데요."라고 말이에요.

이렇게, 전화기로 말을 주고받을 때는 예절을 더 지켜야 해요. 예절(禮節)의 한자는 예도 예(禮), 마디 절(節)이에요. '예의와 법도'를 뜻하는 '예도'라는 말은 조금 어려운 낱말이에요. '예의'는 '존경을 나타내는 말투나 몸가짐'이고, '법도'는 '법을 지켜야 하는 도리'이므로, '예도'는 '존경하는 마음과 규칙을 지키는 마음을 나타낸 말투나 몸가짐'이라고 말할 수 있어요. 따라서, 예절은 '상대를 위하는 마음과 질서를 지키는 마음을 표현한 말과 행동'이에요. 상대를 위하는 마음은 '배려'예요. 전화한 사람이 누구인지를 전화 받은 분이 궁금해할 것을 생각하여 먼저 자신을 밝히는 것은 배려하는 마음이에요. 그러

니 전화 받은 분이 웃어른일 때는 당연히 높임말을 써야 해요. 그리고 통화하고자 했던 사람과 전화로 말을 주고받을 때는 말하고자 하는 내용을 정확하고 구체적으로 표현해야 해요. 직접 만나서 대화할 때는 표정과 몸짓으로도 서로의 생각을 주고받을 수 있지만, 통화할 때는 서로가 눈에 보이지 않으니까요.

만나서 대화할 때는 어떻게 말하고 행동해야 할까요? 대화하는 상대가 선생님이든, 이웃이든, 친구이든 상대가 말할 때는 상대의 눈을 바라보며 주의 깊게 들어야 해요. 친한 친구일지라도 친구가 말하고 있을 때 딴청 부린다면 친구는 기분 좋지 않을 거예요. 배려하지 않음을 느낄 테니까요. 서로의 태도를 바꾸어 놓고 생각하면 이해할 수 있겠죠? 마음은 마음속에 있지만, 표현은 마음 바깥에 있어요. 그리고 바깥에 드러난 마음은 상대의 마음이 느낄 수 있어요. 대화 예절이 있는지, 없는지를 말이에요.

• 아래의 두 물음을 읽고
  스스로의 생각을 자유롭게 써 보아요.

1. 자신이 친구 집에 전화를 걸었을 때, 처음 전화 받은 분이 웃어른일 경우를 가정하여 주고받는 말을 각각 두 마디씩 써 보세요.

2. 전화로 대화할 때, 상대가 말할 차례와 내가 말할 차례를 어떻게 가늠할 수 있을까요?

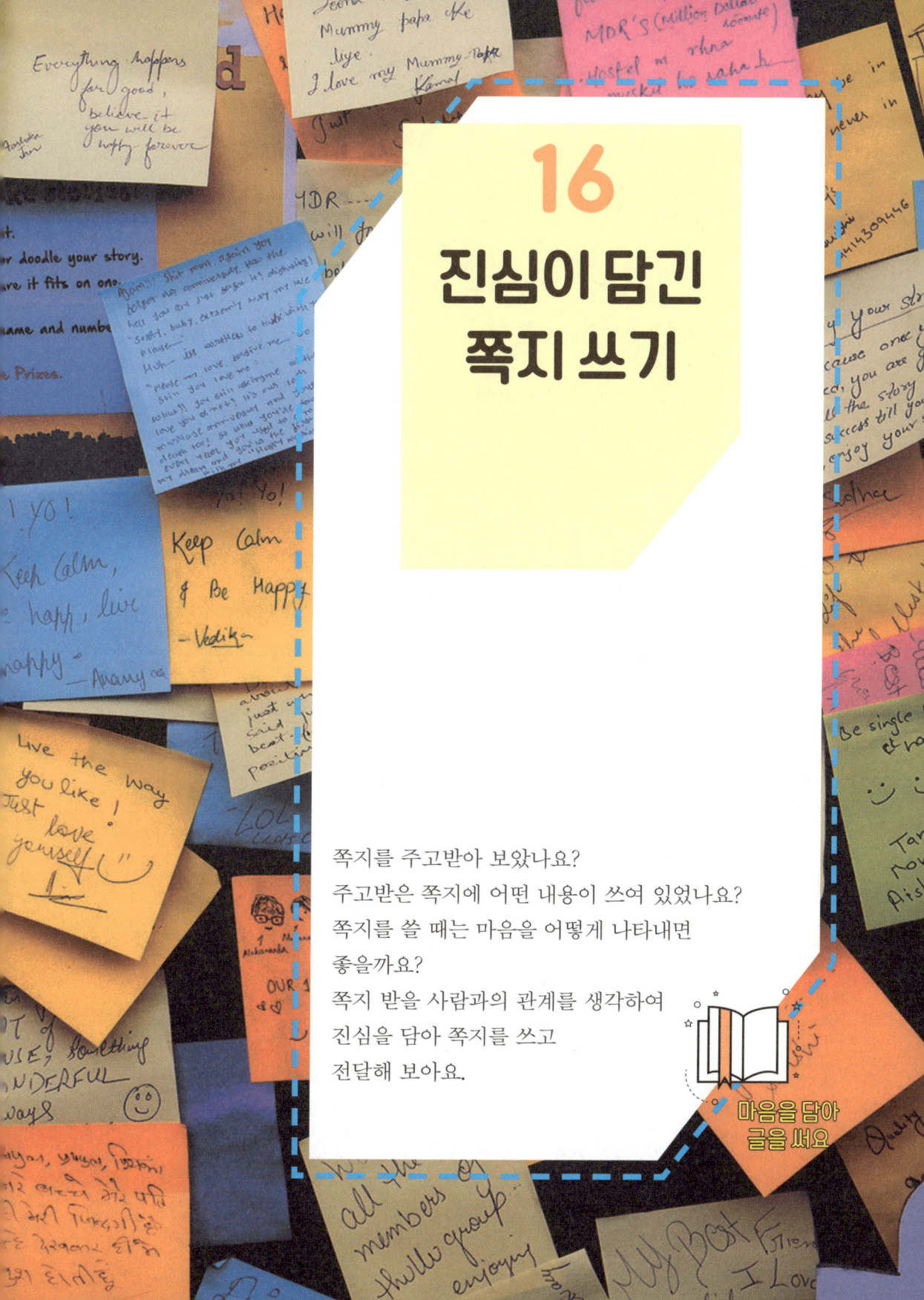

16 진심이 담긴 쪽지 쓰기

쪽지를 주고받아 보았나요?
주고받은 쪽지에 어떤 내용이 쓰여 있었나요?
쪽지를 쓸 때는 마음을 어떻게 나타내면
좋을까요?
쪽지 받을 사람과의 관계를 생각하여
진심을 담아 쪽지를 쓰고
전달해 보아요.

마음을 담아
글을 써요

마음 옷

얘들아, 안녕! 나는 **쪽지**야.
너희가 몇 장은 가지고 있는 색색 쪽지.

너희는 내 몸에 무얼 적니?
내가 보니 너희는 종종
생일 축하한다는 글을 적던데……

그때 연필이 지나가는 자리마다
나는 간지러웠어. 그래도
축하 쪽지를 받은 친구는 기분 좋을 거야.

그래서 이튿날 어떤 아이는
축하 쪽지를 건네준 아이들에게
하나하나 답장 쪽지를 쓰더구나.
축하해 주어서 고맙다고,

네 생일 때 꼭 알려 달라고.

또 어떤 아이는 전혀 다른 쪽지 글도 썼어.
어제 놀려서 미안하다고.
너희 엄마께서 편찮으신지 몰랐다고.
진심으로 사과한다고.

그 쪽지를 받은 아이는 잘 모르겠지만
그 쪽지에는 눈물이 묻어 있어.
나는 알아.
쪽지 글을 쓰다가 떨군 눈물을
그 아이가 얼른 소매로 닦아 냈거든.

애들아, 너희가 나를 간지럼 태우지 않으면
나는 그저 종이쪽일 따름이야.
그런데 너희 이거 아니?
나는 너희의 여러 마음이라는 걸?
나는 너희의 마음 옷을 입고 있거든.

자유롭게 색칠하여 그림을 완성해 보세요.

　쪽지와 편지의 차이는 무엇일까요? 쪽지의 낱말 뜻은 '작은 종잇조각'이지만, 흔히 '쪽지를 주고받는다'라고 말할 때는 편지의 뜻으로 사용해요. 다만, 편지는 우체국을 통하여 멀리 있는 사람에게 우편물로 보내는 글이고, 쪽지는 보통의 편지지보다 작은 크기의 종이쪽에 손으로 글을 써서 직접 주고받는 메시지예요. 그래서 쪽지는 가까이 있는 사람과 직접 주고받는, 생각과 마음을 쓴 간단한 편지예요. 이러한 쪽지를 몇 번은 써 보았을 거예요. 대개는 생일을 맞은 사람에게 축하한다는 내용을 적은 쪽지가 가장 흔하겠지만 말이에요. 축하 메시지를 담은 쪽지 말고 다른 내용의 쪽지도 건네 보았거나 받아 보았나요? 기억을 떠올려 보세요.

쪽지의 쓰임새는 여러 가지예요. 이를테면, 엄마가 자녀에게 이렇게 쓴 쪽지를 남길 수도 있어요. '엄마가 7시까지는 귀가할 테니 식탁에 둔 간식 먹고 있으렴.' 또는 한 아이가 같은 반 친구에게 이런 쪽지를 내밀 수도 있어요. '지난주에 네가 빌려준 동화책 잘 읽었어. 네 말대로 꽤 재밌었어. 내가 이렇게 재미있는 책을 발견하면 그때는 네게 꼭 빌려줄게. 고마워.' 그런가 하면 앞의 동시처럼, 어느 날 한 친구를 놀린 다른 친구가 미안한 마음으로 쓴, 사과하는 쪽지를 이튿날 그 친구에게 건넬 수도 있어요. 그런데 ==사과하는 쪽지를 쓰려면 용기가 필요해요.== 나의 잘못을 뉘우치는 일도 용기 있는 마음이지만, 뉘우친 마음을 드러내는 일은 더욱 용기 있는 행동이에요. 정성껏 쓴 쪽지로 사과받은 친구의 마음은 어떨까요? 아마도 쪽지를 주고받은 두 친구는 이후에는 사이좋은 친구가 될 거예요. 쪽지에 쓰인 뉘우친 마음과 쪽지를 건넨 용기가 두 친구의 마음을 이어 줄 테니까요.

　뉘우치는 마음은 칭찬받을 만해요. 그런데 뉘우치는 일이 잦으면 어떨까요? 누구나 말실수할 수는 있지만, 말실수가 잦으면 습관이 되어요. 그러면 뉘우치는 일이 소용없어요. 그러니 누군가를 만날 때는 마음의 신호등을 켜면 좋아요. 그 사람이 가족이든, 친구이든 그 자리에서 상대에게 화날 때는 함부로 말하고 싶은 마음에 빨간색 신호등을 켜 보아요. 마구 쏟고 싶은 말을 참으면, 상대가 상처받을 말실수를 안 할 수 있어요. 그러는 동안에 마음은 노란색 신호등으로 바뀌어요. 그래서 말하기 전에 이 말을 하면 상대의 기분이 어떨지를 생각하게 되어요. 그러고 나면 마음속에 초록색 신호등이 켜져요. 상대의 마음을 헤아리며 내 생각과 마음을 차분하게 말할 수 있어요. 이처럼 누구를 만나 마음 불편한 일이 생기더라도, 마음의 신호등을 켤 수 있으면 이튿날 사과하는 쪽지는 쓸 일은 없을 거예요. 즐거운 쪽지만 주고받을 거예요.

• 아래의 두 물음을 읽고
  스스로의 생각을 자유롭게 써 보아요.

1. '편지 쓰기'와 '쪽지 쓰기'는 어떤 점이 같고, 어떤 점이 다를까요?

2. 고마운 사람이나 미안한 사람에게 진심을 담아 쪽지를 써 보세요. 그리고 용기를 가지고 건네 보세요.

17 읽은 책을 소개하고 독서 감상문 쓰기

내가 읽은 책을 친구들에게 소개하면
어떤 점이 좋을까요?
읽은 책에 대한 독서 감상문을 쓰면
어떤 점이 좋을까요?
독서 감상문은 어떻게 쓰면 좋을까요?
읽은 책을 친구들에게 소개하고,
독서 감상문도 써 보아요.

글을 읽고
소개해요

개울과 종이배

아빠가 제 나이 때 읽으셨다는
긴 개울을 저도 이틀간 읽었어요.
책 제목은 '초승달과 밤배'이지만
저는 그 개울을 읽으며 종이배를 탔어요.
저에게 책은 항상 맑은 개울이니까요.

저에게 독서는 종이배 타기예요.
개울의 길이가 길든 짧든
개울의 첫 장부터 마지막 장까지
저는 개울에 종이배를 띄워요.
종이배를 타고 개울을 읽어요.

제 눈과 입의 종이배는
빠른 물결에서는 빠르게 나아가고
느린 물결에서는 느리게 흘러가요.

잠깐은 생각해야 하는
소용돌이에서는 제 종이배도 맴돌아요.

제가 읽은 개울을 친구에게 소개도 해요.
개울을 소개할 때는
저는 다시 종이배를 접어요.
그래야 제가 읽은 개울이 생각나니까요.

어디에서 물결이 거셌는지
어디에서 물결이 잠잠했는지
소용돌이는 어디에서 만났는지 얘기해 주고
그때마다 종이배는 어땠는지도 말해 주어요.

그러면 친구는 저의 종이배에 올라타
송사리가 헤엄치는 개울 풍경을 상상해요.
저와 친구는 송사리가 어떤 민물고기인지
재잘재잘 도란도란 이야기보따리를 풀어요.
친구와 저의 이야깃주머니가 불룩해져요.

　책에는 지은이의 경험과 생각과 마음이 담겨 있어요. 그래서 독자는 그동안 몰랐던 사실과 생각과 느낌을 책에서 만나게 되어요. 그때의 기쁨과 감동은 책을 읽은 사람만 느낄 수 있어요. 그러고 나면 독자는 그 기쁨과 감동을 친구들과 나누고 싶은 마음도 생기곤 해요. 읽은 책을 친구들에게 소개하는 일은 또 다른 즐거움이에요. 소개할 책의 내용이 무엇이든 말이에요. 읽은 책을 친구들에게 소개하면 어떤 점이 좋을까요? 책을 읽으며 새로 알게 된 사실과 지은이의 생각과 마음을 친구들에게 알릴 수 있어서 좋아요. 더불어, 읽은 내용을 스스로 정리할 수 있어서 좋아요. 또한, 나와 친구들의 관심 분야가 넓어져서 좋아요. 그리고 친구들과 함께 이야기할 수 있어서 좋아요.

읽은 책을 친구들에게 소개한다는 것은 그 책을 사이에 두고 '나와 친구들을 더하는 일'이에요. 반면에, 읽은 책에 대하여 '나와 나를 더하는 일'도 있어요. 그것은 독서 감상문 쓰기예요. 독서 감상문을 쓸 때는 어떻게 쓰면 좋을까요? 우선 책을 읽은 까닭을 밝히면 좋아요. 추천받은 책이라면 누가 추천했으며, 그분이 왜 추천했는지를 쓰는 거예요. 내가 직접 고른 책이라면 그 이유를 밝혀요. 다음으로는 책의 줄거리나 정보를 밝히면 좋아요. 그러는 동안 책의 내용을 머릿속에 정리할 수 있어요. 책의 내용 중에서 인상 깊은 대목을 드러내는 것도 좋아요. 그 대목이 바로 독서의 기쁨과 감동에 해당하니까요. 마지막은 내 생각과 느낌을 꼭 밝혀야겠어요. 그것을 쓰지 않으면 '독서 감상문'이라고 말할 수 없어요. 말 그대로 '감상문'이니까요. 감상(感想)은 한자어예요. 느낄 감(感), 생각할 상(想)이에요. 그래서 감상의 뜻은 '마음속에서 생기는 느낌과 생각'이에요.

독서 감상문을 쓰면 좋은 점은 무엇일까요? 독서 감상문을 쓰면 책의 내용이 기억에 오래 남아요. 책의 줄거리나 정보를 감상문에 밝히는 동안, 또 인상 깊은 대목을 적는 동안, 책의 내용이 잘 정리되기 때문이에요. 독서 감상문을 쓰면 좋은 점이 또 있어요. 그것은 감상문을 쓰는 동안 책에서 새로 깨달은 내용을 다시 확인할 수 있는 것과 지은이의 생각(느낌)과 독자의 생각(느낌)이 만나는 것이에요. 따라서, 독서 감상문을 쓰는 일은 책을 읽은 내가 나에게 책의 내용과 내 생각(느낌)을 조곤조곤 말하는 것과 같아요. 자기 경험을 떠올려 보세요. 독서 감상문을 쓴 책과 읽기만 한 책을 비교해 보세요. 어떤 책이 더 기억에 남아 있나요?

• 아래의 두 물음을 읽고
  스스로의 생각을 자유롭게 써 보아요.

1. 읽은 책에 대하여 친구들에게 소개하는 말을 그대로 받아 적으면 독서 감상문이 될 수 있을까요?

2. 독서 감상문을 어떻게 쓰고 있나요? 자신에게 고칠 만한 습관이 있나요? 있다면, 그것이 무엇인지 써 보세요.

18
글의 흐름을 생각하며 글을 읽고 쓰기

글은 어떤 요소로 이루어져 있을까요?
글에는 시간의 흐름, 장소의 변화, 일하는 방법 등의
차례가 나타나 있어요.
그 세 가지 요소는 글의 흐름과 함께해요.
글의 흐름을 생각하며 글을 읽고,
글을 써 보아요.

글의 흐름을
생각해요

글 강물

일이 일어난 시간과 장소와 차례가 만났어요.
글 강물에 띄운 연필 뗏목 위에서 만났어요.
글 강물에서는 항상 만나는 이 세 친구는
각자 특성대로 글 강물을 읽기도 하고 쓰기도 해요.

세 친구 중에서 시간이 먼저 말했어요.
"글을 읽거나 쓰려면 내가 나타나지 않으면 안 돼.
어젯밤, 오늘 아침, ~하자마자, ~한 뒤처럼
때를 밝혀야 읽을 때도 쓸 때도 내가 보이거든."

글 강물이 갈대숲을 지나자 장소가 말했어요.
"글을 읽거나 쓰려면 내가 나타나지 않으면 안 돼.
주말농장에서, 놀이동산에서, 박물관에서처럼
곳을 밝혀야 읽을 때도 쓸 때도 내가 보이거든."

이번에는 **차례**가 말할 차례였어요.
"글을 읽거나 쓰려면 내가 나타나지 않으면 안 돼.
첫째, **둘째**, **셋째**나, **그다음**, **이번에는**처럼
순서를 밝혀야 읽을 때도 쓸 때도 내가 보이거든."

그때, 어디선가 출렁이는 말소리가 들렸어요.
"맞는 말들이지만, 너희 말은 결국 나를 알아야만
글을 잘 읽을 수도, 잘 쓸 수도 있단다."

뗏목엔 세 친구뿐이어서 세 친구는 두리번거렸어요.
방금 들은 말소리는 글 강물이 하는 말이었어요.

글 강물은 이어서 말했어요.
"내 이름은 **흐름**이야. 강물처럼 흘러서 이름이 그래.
글 강물은 너희가 섞여서 내가 되어 흐르는 거야.
읽을 때는 너희를 잘 간추려야 잘 읽을 수 있고,
쓸 때는 너희를 잘 결정해야 잘 쓸 수 있단다."

세 친구는 끄덕이며 강물의 **흐름**을 바라보았어요.

집을 지을 때는 먼저 설계를 하고, 터를 닦고, 기둥과 벽을 얽어 세우고, 지붕을 얹듯이, 글을 쓸 때도 글쓴이는 글의 기초가 되는 요소로 글을 구성해요. 구성(構成)이라는 낱말은 한자어예요. 얽을 구(構), 이룰 성(成)이에요. 한자대로 뜻풀이하면, '얽어서 이룬다.'이지만, 구성은 '몇 가지 부분이나 중요한 점들을 모아서 전체를 짜 맞춤'을 뜻해요. 그렇다면, 글을 구성할 때도 '몇 가지 부분이나 중요한 점'이 있을 거예요. 그것들로 얽어서 글 전체를 짜 맞출 거예요. 그것은 무엇일까요? 글쓴이는 무엇으로 글을 얽을까요? 그것은 앞의 동시에 나와요.

이야기를 담고 있는 동화이든, 무엇을 설명하는 글이

든, 글에는 일이 일어난 시간이 나오고, 일이 일어난 장소가 나오고, 일이 일어난 차례가 나와요. 시간, 장소, 차례가 글을 구성하고 있어요. 글에서 시간을 나타내는 내용은 여러 가지예요. 앞의 동시에서는 '어젯밤, 오늘 아침, ~하자마자, ~한 뒤'를 예로 들었어요. 이를테면, '어젯밤에 못 한 숙제를 오늘 아침에서야 마쳤다.'라는 내용에는 일이 일어난 때가 나타나 있어요. 글에서 장소를 나타내는 내용도 여러 가지예요. 앞의 동시에서는 '주말농장에서, 놀이동산에서, 박물관에서'를 예로 들었어요. 이를테면, '온종일 주말농장에서 아빠를 도왔다. 다음 주말에는 놀이동산에 가고 싶다. 아니면, 만화 박물관에라도 가고 싶다.'라는 내용에는 일이 일어난 곳이 나타나 있어요. 글에서 차례를 나타내는 내용도 여러 가지예요. 앞의 동시에서는 '첫째, 둘째, 셋째나, 그다음, 이번에는'을 예로 들었어요. 차례는 일하는 방법같이 무엇을 설명하는 글에서 자주 사용하곤 해요. 그 말들은 설명과 관련한 순서를 나타내는 말이기 때문이에요.

　그런데 글에 나타난 시간, 장소, 차례는 글의 흐름과 함께해요. 글에도 시작이 있고, 과정이 있고, 끝부분이 있으니까요. 그래서 글에는 시간의 흐름이 나타나 있고, 장소의 변화가 나타나 있고, 일하는 방법을 설명하는 차례가 나타나 있어요. 따라서 글을 쓸 때도, 읽을 때도 시간, 장소, 차례를 중요하게 살펴야 해요. 그래야 글 전체의 흐름을 알 수 있어요. 이 세 가지는 글을 쓸 때는 글의 내용을 엮는 구성 요소가 되고요, 글을 읽을 때는 글의 내용을 간추려 파악하는 요소가 되어요. 그러므로 글은 강물처럼 흘러요. 글쓴이는 강물이 흐르듯 글을 쓰고, 독자는 그 강물에 자신의 눈과 마음을 맡기는 거예요. 둘 다 행복한 여행이에요.

• 아래의 두 물음을 읽고
  스스로의 생각을 자유롭게 써 보아요.

1. 최근에 읽은 글에서 '시간, 장소, 차례'를 나타내는 말들을 찾아서 각각 써 보세요.

2. 오늘 일기는 '시간, 장소, 차례'를 나타내는 말들을 중심으로 써 보세요.

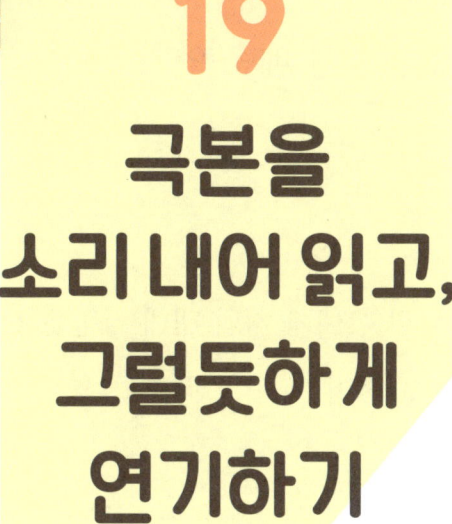

19
극본을 소리 내어 읽고, 그럴듯하게 연기하기

극본은 무엇일까요?
극본은 어떻게 읽어야 재미있을까요?
연기는 어떻게 해야 잘할 수 있을까요?
극본 속의 지문은 무엇이며,
왜 눈여겨보아야 할까요?
극본을 소리 내어 읽어 보고,
그럴듯하게 연기도 해 보아요.

작품 속의
인물이 되어

꿈에서 배운 연기

한 아이가 저녁 내내 걱정을 쌓다가 잠들었어요.
요정이 아이의 꿈속에 나타났어요.

요정: 애야, 웬 걱정을 이렇게 많이 쌓아 놓았니?

요정의 말투에 안심한 아이는 걱정거리를 말했어요.

아이: (한숨 쉬며) 내일 학급에서 연극을 하는데요,
　　　제가 호랑이 연기를 못할까 봐 걱정이에요.

요정: 애야, 누구든 연기를 잘하려면
　　　맡은 역할의 인물을 잘 파악해야 해.
　　　그러려면 극본을 꼼꼼히 읽으며
　　　인물의 말투, 표정, 몸짓을 잘 살펴야 한단다.

아이: 그런데요, 인물의 말투, 표정, 몸짓이
　　　때에 따라 자꾸 바뀌거든요…….

요정: 그건 인물의 처지가 바뀌어서 그런 거야.
　　　호랑이가 궤짝 속에 갇혀 있을 때와
　　　풀려났을 때는 처지가 바뀌잖니?

아이: 아하! 인물의 말투, 표정, 몸짓은
　　　인물의 처지를 따라가는 거로군요.

요정: 그래, 그리고 극본의 괄호 속 글이 지문이야.
　　　지문에 인물의 말투, 표정, 몸짓이 쓰여 있어.
　　　그러니 괄호 속의 문장도 잘 읽어 보려무나.
　　　자 그럼, 내일 연기 잘하렴. 안녕!

이른 아침, 아이는 자기 목소리에 놀라 잠 깼어요.
아이는 딱한 목소리로 잠꼬대를 했어요.

호랑이: 나그네님, 저를 좀 구해 주십시오.

연극은 배우가 극본대로 말하고 행동하여 관객에게 보여 주는 예술이에요. '극본'은 무엇일까요? 극본은 배우의 말과 동작, 무대의 모습이 자세하게 적힌 글이에요. 그래서 배우는 극본대로 말하고 행동해요. 그것을 '연기'라고 해요. 연기(演技)는 한자어예요. 펼칠 연(演), 재주 기(技)예요. 한자대로 뜻풀이하면 '재주를 펼침'이지만, 연기는 '역할을 맡은 배우가 인물의 성격과 말과 행동을 표현하는 일'이에요. 그러고 보면 배우는 그야말로 '재주를 펼치는' 사람이에요.

그런데, 재주 많은 배우일지라도 극본을 읽지 않고는 연기할 수 없어요. 배우에게 극본은 연주가에게 악보와 같아요. 그만큼 극본은 연극의 바탕이에요. 그래서 극본(劇本)의 본(本)자는 근본 본(本)이에요. '뿌리'와 같은 뜻이에요. 그런 극본은 연극을 목적으로 쓰인 글이지만, 동화처럼 읽을 수도 있고, 읽으면 재미도 있어요. 특히 극본은 '소리 내어' 읽어야 제맛을 느낄 수 있어요. 왜 그럴까요? 등장인물들이 말소리로 대화하기 때문이에요. 그 말소리에는 상황에 따른 말투가 있어요. 놀라서 하는 말, 기뻐서 하는 말, 슬퍼서 하는 말에는 '말투'가 있어요. 그런 말투를 제대로 느끼려면 소리 내어 읽어야 실감 나요.

극본은 연기해 보면 더욱 재미있어요. 연기는 어떻게 해야 잘할 수 있을까요? 우선 극본을 꼼꼼히 읽으며 인물의 말투, 표정, 몸짓을 잘 살펴야 해요. 그 세 가지가 서로 잘 어울려야 그럴듯하게 보이니까요. 그러려면, 극본 속 인물의 처지를 알아차려야 해요. 인물의 처지는 극본의 흐름에 따라 달라질 수 있어요. 방정환 작가님의 「토끼의 재판」은 인물들의 처지가 바뀌는 점을 잘 표현했어

요. 호랑이가 궤짝 속에 갇혀 있을 때와 풀려났을 때 바뀐 처지만 해도 그래요. 호랑이는 처지가 바뀌면서 말투, 표정, 몸짓이 정반대로 바뀌었어요.

연기를 잘하려면 '지문'도 눈여겨보아야 해요. 한자로는 땅 지(地), 글 문(文)인 지문(地文)은 바탕글이라고도 해요. 땅은 땅 위에 있는 모든 것의 '바탕'이니까요. 그래서 극본에서 지문은 '인물의 동작, 표정, 마음, 말투, 무대 환경을 지시해 놓은 글'을 뜻해요. 극본의 지문은 괄호로 표시해 놓았어요. 어때요? 이 점들을 살펴서 연기하면 그럴듯하지 않을까요? 극본을 읽는 재미는 소리 내어 읽는 것이고, 극본을 연기하는 재미는 인물의 말투와 표정과 몸짓을 그럴듯하게 표현하는 것이에요.

• 아래의 두 물음을 읽고
  스스로의 생각을 자유롭게 써 보아요.

1. 방정환 작가님의 「토끼의 재판」에서 한 인물을 정하여 작품 끝까지 그럴듯하게 연기해 보세요. (혼자서 연기해도 괜찮아요)

2. 영화나 드라마를 보면, 연기를 유난히 잘하는 배우가 있어요. 그런 배우들의 연기 특징은 무엇일까요?

찾아보기

ㄱ

간추리기   49, 51, 54, 56
감각적 표현   22~24, 121, 126~128
감동   95~96, 125, 127, 149~150
감상   97, 150
겪은 일   63~64, 105, 111, 114~115
고쳐 쓰기   40, 119, 120
국어사전   54, 65, 67, 69~72, 78, 83, 88, 101
극본   161~167
글쓴이의 생각과 느낌   118
글쓴이의 의견   73, 78, 80
글의 흐름   153, 159
기본형   71
기호   66
꽃샘바람   106, 110~111
꽃샘추위   106, 110

ㄴ

날씨를 나타내는 토박이말   109
높임 표현   33, 39~40
높임말   33, 37~40, 135

ㄷ

단서   87
더 알고 싶은 내용   111
독서 감상문   145, 150~152
동물을 치료하는 직업   55
뒷받침 문장   25, 27, 31~32
띄어쓰기   119

ㅁ

마음의 신호등   143
만나서 대화할 때   128, 133, 135
메모   49, 53~56
모르는 낱말   69, 71, 81, 85~86, 88
모양을 흉내 내는 말   93, 128
문단   25~27, 30~32, 55, 78, 110
민화   50~51

ㅂ

바탕글   167
반말   37~38, 40

배우　103, 165, 168

ㅅ

새로 알게 된 내용　111
생략된 내용　81, 87
설명하는 글　31, 49, 56, 63, 77, 86~87, 157~158
소리를 흉내 내는 말　93, 128
소소리바람　106, 110~112
시간의 흐름　153, 159
시의 재료　121, 126~127

ㅇ

아는 내용　105, 110~112
아씨방 일곱 동무　79
약호　66
언제, 어디에서, 누구와, 있었던 일　114, 118
연극　162, 165~166
연기　161~168
예절　39, 129, 131, 134~135
오성과 한음　74
원인과 결과　57~58, 61, 63~64
이어 주는 말　63
인물의 표정, 몸짓, 말투　97, 103

인상 깊은 대목　150~151
인상 깊은 일　117
일이 일어난 시간, 장소, 차례　154, 158
일하는 방법을 설명하는 차례　153, 159
읽은 책 소개하기　145, 149~152

ㅈ

자기 경험에 대한 글　111, 113, 118, 120
장소의 변화　153, 159
재미와 감동　95
전화로 대화할 때　129~136
중심 문장　25, 27, 31~32, 78
중요한 낱말　55
중요한 내용　49, 54~56, 118
지문　161, 163, 167
짐작하기　81, 86~88
쪽지　137~144

ㅊ

처지　163, 166~167
초승달과 밤배　146

ㅌ

토끼와 거북   57~58

토끼의 재판   166~168

토박이말   106~110

통화   129, 131, 133, 135

ㅍ

편지   29, 41~48, 117, 141, 144

ㅎ

형태가 바뀌는 낱말   70~72

형태가 바뀌지 않는 낱말   70~71

독서 감상문

로로로 초등 국어 3학년

동시로 생각하고, 수필로 이해하고, 문제로 논술하는

초판 발행일 2020년 6월 10일
3쇄 발행일 2023년 3월 3일
지은이 윤병무
그린이 이철형
디자인 씨디자인: 조혁준 기경란

펴낸곳 국수
등록번호 제2018-000158호
주소 경기도 고양시 일산동구 진밭로 36-124
전화 (031) 908-9293
팩스 (031) 8056-9294
전자우편 songwriter@kuksu.kr

© 윤병무, 2020, Printed in Goyangsi, Korea

ISBN 979-11-90499-08-8 74810
ISBN 979-11-90499-05-7 (세트)

- 책값은 뒤표지에 쓰여 있습니다.
- 이 책의 저작권은 저자에게, 판권은 '국수'에 있습니다.
- 이 책 내용의 전부는 물론 일부라도 재사용하려면 반드시 '국수'의 동의를 얻어야 합니다.
- 잘못 만들어진 책은 구입하신 서점에서 교환해드립니다.

이 도서의 국립중앙도서관 출판예정도서목록(CIP)은 서지정보유통지원시스템 홈페이지(http://seoji.nl.go.kr)와 국가자료공동목록시스템(http://www.nl.go.kr/kolisnet)에서 이용하실 수 있습니다. (CIP 제어번호: CIP2020020174)

종이에 손을 베지 않도록 주의하세요.
책 모서리에 다칠 수 있으니 책을 던지지 마세요.